Martin Scholz/Ute Helmbold (Hrsg.)

Stolpersteine

Bildwissenschaft

Herausgegeben von
Klaus Sachs-Hombach und Klaus Rehkämper

Editorial Board

Prof. Dr. Horst Bredekamp
Humboldt-Universität Berlin

PD Dr. Dagmar Schmauks
Technische Universität Berlin

Prof. Dr. Ferdinand Fellmann
Universität Chemnitz

Prof. Dr. Wolfgang Schnotz
Universität Koblenz-Landau

Prof. Dr. Christopher Habel
Universität Hamburg

Prof. Dr. Oliver Scholz
Universität Münster

Dr. John Hyman
The Queen's College Oxford

Prof. Dr. Thomas Strothotte
Universität Magdeburg

Prof. Dr. Wolfgang Kemp
Universität Hamburg

Prof. Dr. Michael Sukale
Universität Oldenburg

Prof. Dr. Karlheinz Lüdeking
Akademie der bildenden Künste Nürnberg

Prof. Dr. Bernd Weidenmann
Universität der Bundeswehr München

Prof. Dr. Roland Posner
Technische Universität Berlin

Prof. Dr. Ute Werner
Universität Karlsruhe (TH)

Prof. Dr. Claus Rollinger
Universität Osnabrück

Prof. Dr. Dieter Wiedemann
Hochschule für Film und Fernsehen Potsdam

Zunehmend werden unsere Erfahrungen und Erkenntnisse durch Bilder vermittelt und geprägt. In kaum zu überschätzender Weise halten Bilder Einzug in Alltag und Wissenschaft. Gemessen an der Bedeutung, die bildhaften Darstellungen mittlerweile zugeschrieben wird, erstaunt jedoch die bisher ausgebliebene Institutionalisierung einer allgemeinen Bildwissenschaft.

Mit dieser Buchreihe möchten die Herausgeber einen transdisziplinären Rahmen für die Bemühungen der einzelnen mit Bildern beschäftigten Fachdisziplinen zur Verfügung stellen und so einen Beitrag zum Entstehen einer allgemeinen Bildwissenschaft leisten.

Martin Scholz/Ute Helmbold (Hrsg.)

Stolpersteine

Gibt es Regeln für die Bildgestaltung?

Deutscher Universitäts-Verlag

Bibliografische Information Der Deutschen Bibliothek
Die Deutsche Bibliothek verzeichnet diese Publikation in der Deutschen Nationalbibliografie;
detaillierte bibliografische Daten sind im Internet über <http://dnb.ddb.de> abrufbar.

Band 12 der Reihe Bildwissenschaft, die bis 2001 im Scriptum Verlag, Magdeburg erschienen ist.

1. Auflage Februar 2004

Alle Rechte vorbehalten
© Deutscher Universitäts-Verlag/GWV Fachverlage GmbH, Wiesbaden 2004

Lektorat: Ute Wrasmann / Frauke Schindler

Der Deutsche Universitäts-Verlag ist ein Unternehmen von Springer Science+Business Media.
www.duv.de

Das Werk einschließlich aller seiner Teile ist urheberrechtlich geschützt. Jede Verwertung außerhalb der engen Grenzen des Urheberrechtsgesetzes ist ohne Zustimmung des Verlags unzulässig und strafbar. Das gilt insbesondere für Vervielfältigungen, Übersetzungen, Mikroverfilmungen und die Einspeicherung und Verarbeitung in elektronischen Systemen.

Die Wiedergabe von Gebrauchsnamen, Handelsnamen, Warenbezeichnungen usw. in diesem Werk berechtigt auch ohne besondere Kennzeichnung nicht zu der Annahme, dass solche Namen im Sinne der Warenzeichen- und Markenschutz-Gesetzgebung als frei zu betrachten wären und daher von jedermann benutzt werden dürften.

Umschlaggestaltung: Regine Zimmer, Dipl.-Designerin, Frankfurt/Main
Gedruckt auf säurefreiem und chlorfrei gebleichtem Papier
ISBN-13: 978-3-8244-4556-1   e-ISBN-13: 978-3-322-81324-4
DOI: 10.1007/978-3-322-81324-4

Übersicht

Stolpersteine – eine Einführung — S. 7

Martin Scholz
Wissenschaft und Forschung in der Bildgestaltung? — S. 11

Wolfgang Vollmer
Gibt es Regeln für die Bildgestaltung? — S. 19

Andreas Maxbauer
Kreativ? Relativ ... — S. 33

Regina Maxbauer
Mehr als »Mal Sehen!« — S. 51

Lienhard von Monkiewitsch
Gibt es Regeln für die Bildgestaltung? — S. 57

Rolf Sachsse
Stolpersteine im Medium — S. 77

Bernd Hennig
Stolpersteine in der Bildgestaltung – gibt es Spielregeln oder ist es ein Spiel mit Regeln? — S. 87

Abschlussdiskussion — S. 103

Stolpersteine – eine Einführung

Bildgestaltung ist Teil jeden Bildes. Bildgestaltung ist praktiziertes Bildgestalten. Dieses Tun kann intuitiv gesteuert oder absichtsvoll festgelegt sein, immer wird es bestimmten Regeln folgen. Es lassen sich individuelle Vereinbarungen zum Aufbau von Bildern und zugleich Gesetzmäßigkeiten im gestalterischen Umgang mit Bildern feststellen. Im Rahmen von Lehre und Studium wird die Bildgestaltung vermittelt. Es existiert eine Vielzahl von Literatur zu diesem Thema.

Bedauerlicherweise überleben weder die Vorbilder, Regeln noch die vermeintlichen Gesetzmäßigkeiten die Anforderungen der täglichen Praxis. Immer fehlt ein wenig, etwas anders ist zu starr oder zu oft wurde es schon einmal gesehen, um ein gutes Beispiel für die konkrete Aufgabe zu sein. Es scheint so, als wenn jedes neue Bild, will es keine Dublette eines anderen sein, eine neue Bildgestaltung zeigt. Besonderheiten der Darstellungstechnik, Moden und Inhalt tun das ihre dazu, um jedes Bild und seine Bildgestaltung neu zu kreieren. Folgt daraus, dass Bilder und ihre Gestaltung keinen Regeln zu unterwerfen sind? Das wäre zu kurz gedacht.

Es gibt Regeln, auch für die Nutzung der unverzichtbaren Intuition in der Gestaltungsarbeit, aber können wir sie benennen und verallgemeinern? In Form einer Vermutung können wir behaupten, dass die Gestaltungsregeln, bzw. Gestaltungselemente solange zuzutreffen scheinen, solange kein konkretes Bild damit gestaltet werden muss. Taugen sie also nur etwas für die Lehre? Hier machen sie, zur Unterstützung der individuellen Beratung, sicherlich Sinn und geben den Lernenden Halt und Vorbild. Interessante oder Epochen beeinflussende Bilder und Bildkonzeptionen scheinen jedoch immer wieder quer zu aktuellen Trends zu liegen, ohne völlig konträren Gestaltungsauffassungen zu folgen.

Gute Bilder scheinen ‚Stolpersteine' für die Betrachter zu sein: Die Betrachter wachen durch sie in der Flut der nivellierten Bilder auf, ohne tief zu fallen.

Worin liegen die Gesetzmäßigkeiten guter Bildgestaltung? Lassen sich Regeln für das Aufbauen visueller Stolpersteine benennen? Diese Grundfragen waren Anlass, im April 2003 zu einem Symposium über Bildgestaltung an der Hochschule für Bildende Künste Braunschweig einzuladen, um Bildgestalter aus Praxis und Lehre gemeinsam nach möglichen Antworten zu befragen.

MARTIN SCHOLZ skizziert den Rahmen der Grundfrage nach den Regeln für die Gestaltung von Bildern. Die Bildwissenschaften vernetzen sich, forschen und publizieren gemeinsam und stellen Fragen an alle Bildproduzenten, auch an die Designer. Hier gilt es, ideologiefreie Antworten für den wissenschaftlichen Diskurs zu finden.

WOLFGANG VOLLMERS These ist, dass jedes Bild bewusst oder unbewusst gestaltet wurde. Daher sei jedes Bild auch zu kontrollieren. Um Langeweile und Wiederholungen bereits ständig gleicher Bildgestaltung zu entgehen, entwickelt Vollmer die Kunst des subversiven Regelverstoßes. Ikonen der Fotokunst wie August Sander, Henri Cartier-Bresson oder Irvin Penn gestalterisch zu imitieren und zugleich die Verknüpfung von handwerklicher Methode und inhaltlicher Aussage ironisch zu brechen, führt zu sichtbaren ‚Aha-Erlebnissen' der Betrachter.

LIENHARD VON MONKIEWITSCH erläutert die Relevanz und Zweischneidigkeit von Regeln anhand des eigenen künstlerischen Werkes. Für ihn entstehen Bilder durch Zufall, die Erkenntnis entsteht erst im Nachhinein. Das Beginnen einer Bildserie sei Folge des Wunsches, den Zufall zu erproben, zu verstehen und nutzbar zu machen. Die Serienproduktion wird zum Erprobungswerkzeug des vermuteten Prinzips. Die mangelnde Stetigkeit der individuellen Befindlichkeit des Bildproduzenten lässt Gestaltungsregeln immer hinter den ungleich wichtigeren Empfindungsprozess vor der Leinwand zurücktreten. Regeln akzeptiert von Monkiewitsch nur als selbstgewählte und im Selbstauftrag durchzuführende Struktur für die künstlerische Arbeit. Die Regeln beziehen sich also stärker auf die Gestaltung des Kontextes und weniger auf die konkrete Bildwerdung.

ANDREAS MAXBAUER vertritt die Ansicht, dass in der Gestaltungspraxis die unverzichtbare Kreativität der Macher auf Regeln angewiesen sei. Neben der umfassenden Kenntnis der Wahrnehmungsgesetze hilft das Wissen über z.B. den Goldenen Schnitt, die Linienführung, die Beleuchtung und Räumlichkeit zu einer eindeutigen Bildkomposition. Die Gefahr einer starr ausgerichteten, unflexiblen Orientierung an konventionellen Darstellungen sieht Maxbauer nicht. Zu sehr sorgt der konkrete Inhalt, die Wünsche des Kunden, die Vorlieben der Bildgestalter und die Einschränkungen der technisch-gestalterischen Realisation für ausreichende Variation.

Für REGINA MAXBAUER ist die Entwicklung einer eigenständigen Gestaltung maßgeblich von der selbstbestimmten Entscheidung abhängig, was gesehen werden soll. Nur individuell gewonnene Einsichten haben die Kraft, sich zu umfassenden Seh- und Produktionsregeln zu entwickeln, da nur sie die emotionale Kraft des Bildbetrachters fesseln. Bildqualität ist für Maxbauer die stärkste Gestaltungsregel, sofern sie die innere Beteiligung und Identifikation von Betrachter und Betrachtetem herstellen kann.

ROLF SACHSSE legt den Schwerpunkt seiner Betrachtung auf den konkreten Nutzen und die Tauglichkeit von Bildern. Für ihn ist weniger die einzelne Gestaltungsregel interessant, als vielmehr die Frage, was vom Betrachter im Bild gesucht wird, also der Standpunkt, von dem aus etwas innerhalb des Bildes betrachtet werden kann. Insofern unterscheiden sich handwerkliche oder künstlerische Bildregeln grundsätzlich von denen des Designs. Im Design seien allgemeingültige Sicht- und Vermittlungsweisen zu definieren. Gestalterische Bildregeln fungierten als ‚Software' zum einen für die Steuerung des technischen Werkzeuges, sei es Kamera oder Computer, zum anderen für die Fokussierung des Blickes der Betrachter. Während Künstler die Relevanz einer Thematik und einer Sichtweise mit ihrem Namen gleichsam beglaubigen, müssen DesignerInnen anders agieren. Als Folge eines erklärenden, vermittelnden und auf Breitenakzeptanz zielenden Ansatzes, werden von Gestaltern immer wieder allgemein akzeptierte Regeln benutzt und zugleich auf deren moderne Erscheinungsform justiert.

BERND HENNIG beleuchtet anhand des Lernprozesses beim Zeichnen die ihm wichtig erscheinenden Regeln. Das gemalte Zeichen und damit das Bild sei zunächst ein Vorschlag an die Umwelt. Die Reaktion auf das Zeichen bestimme den weiteren Zeichenprozess in Form von Ablehnung, Bestätigung oder Modifikation des Zeichens. Hennigs erste Regel lautet folgerichtig: Entferne Dich nicht zu weit von Deiner Umwelt. Erfolg und Zustimmung durch die Umwelt führen zur zweiten Regel: Nur was ständig wiederholt wird, wird zu einer Regel. Insofern sagt die als individuell erachtete Regel vor allem etwas über das jeweilige Umfeld aus.

Bei der im letzten Kapitel abgedruckten Podiumsdiskussion wurde, bei aller Verschiedenheit der Bildmedien, der Gestaltungsansätze und den konkreten Folgerungen, deutlich, dass starke verbindende Positionen zwischen den Gestaltern existieren. Regeln für die Bildgestaltung haben alle Referenten benannt und ihre Vermittlung gerade in der Ausbildung als bedeutsamen Faktor dargelegt.

Ein technischer Hinweis zur Benutzung dieses Sammelbandes: Alle Bilder sind aus technischen Gründen als Schwarzweiß-Abbildungen abgedruckt. Die farbigen Bilder können Sie unter der beim Bild angegebenen Webadresse (www.hbk-bs.de/stolpersteine/...) aufrufen.

Martin Scholz   Ute Helmbold

Das Symposium und diese Publikation wurden erst durch den Einsatz von Forschungsmitteln der Hochschule für Bildende Künste Braunschweig ermöglicht. Hierfür bedanken wir uns.

Martin Scholz

Wissenschaft und Forschung in der Bildgestaltung?

Die gestalterische Sicht auf Bilder ist in erster Linie anwendungsorientiert: Ist das Bild ungewöhnlich genug um Aufmerksamkeit zu erregen, aber ausreichend konventionell, dass die Betrachter es noch verstehen können? Vermittelt das Bild die gewünschte Aussage und passt es in den gestalterischen Kontext von Buch, Plakat oder Zeitschrift? Die Bildgestaltung hat neben diesen praktischen Fragestellungen ein bisher wenig ausgeschöpftes Potential für forschende Betrachtungen und wissenschaftliche Zusammenarbeit.

„Ich fragte ihn nach dem Grund dafür, dass seine Photographie sich eigentlich von Beginn an stark von jeder anderen Art des Photographierens unterschieden hat. Anton sitzt ganz still, als er antwortet: „Die Unfähigkeit, es auf andere Weise zu machen. Die Unfähigkeit, etwas auf naheliegende Weise zu machen, kann zu deinem größten Vorzug werden. ... Technisch bin ich nicht sehr versiert. Aber es reicht, um das gewünschte Gefühl auf das Photo zu bringen." berichtet Paul Morley über den holländischen Fotografen Anton Corbijn [Morley 2002, 13].

Gibt es Regeln für die Bildgestaltung? Das ist eine Frage, die voraussetzt, dass nicht rund 2000 Jahre europäischer Kultur- und Bildproduktion hierauf als Antwort ausreichen: römische Wandmalereien, das Book of Kells, Michelangelo, Leonardo, Caravaggio, Dürer, Jan Vermeer, Monet, Manet, Konstruktivisten und Pop-Artisten. Sie alle standen und stehen jeweils für eine kunstgeschichtlich nachvollziehbare Bild- und Gestaltungsauffassung. Die Kunst der Bilder ist nicht regellos, denn die Geschichte zeigt eine Vielzahl einzelner Regelsysteme für Künstler, Künstlergruppen und Kunststile. Im Design findet sich vergleichbares bei den Vertretern des Bauhauses oder der Ulmer Schule. Dieser Aufsatz versucht die Aktualität und Relevanz der Frage vor dem Hintergrund des aktuellen Entstehens einer Bildwissenschaft in Deutschland zu erläutern.

Erster Ansatz

Rolf Sachsse schreibt: „Das Schaffen neuer Bilder ist so unwichtig wie die Prägung neuer Worte: das Material der Literatur liegt vor, ebenso das der bildenden Kunst. Nun geht es um die Formulierung von Sätzen, Gedichten, Novellen und Romanen." [Sachsse 2001]. Es geht Sachsse um das, was kommuniziert werden soll, und das geht notwendigerweise nicht ohne die Form, mit der etwas kommuniziert wird. Schließlich erzeugt die unterschiedliche Art der Anwendung grammatikalischer Regeln und des Satzbaus den Unterschied von Poesie und Lexikoneintrag. Nun kann ein Schlagwort sicherlich auch als konkrete Poesie genutzt werden, hilfreich für den Ratsuchenden ist dies jedoch nicht. Wenn alle Gestalter neue Bilder schaffen und sich weder Produzenten noch Betrachter an Vereinbarungen über Bilder halten, existieren viele An-, aber keine Einsichten von unserer Umwelt. Dieses Design bleibt autistisch auf sich selber fixiert und ist das Gegenteil einer Vermittlungsinstanz.

Seit Gottfried Böhm seine Frage „Was ist ein Bild?" [Böhm 1995] gestellt hat, melden sich immer mehr Forschungsdisziplinen als sogenannte ‚Bildwissenschaften' zu Wort. Die Mathematik beleuchtet die Ausdehnung der klassischen (also formalen) Logik für bildliche Prämissen, die Psychologie steuert empirisch gewonnenes Wissen über die Wahrnehmung bei, die Informatik entwickelt bebilderte interaktive Systeme und die Philosophie wacht über die konsistente Verwendung der Begrifflichkeiten. Zur Zeit existieren in Deutschland viele Bildwissenschaften, allerdings noch keine allgemeine Bildwissenschaft. Da viele Disziplinen Bilder als primäre oder methodische Werkzeuge einsetzen, unterscheiden sich Bildwissenschaften als Disziplinen von anderen dadurch, dass sie zum theoretischen Verständnis der Bildthematik beitragen. Das heißt, dass Aussagen über die Systematik von Bildformen, Typen, Verwendung, Herstellung, Rezeption oder Distribution innerhalb des wissenschaftlichen Diskurses gemacht werden. Insofern zählt z.B. die Medizin nicht zu den Bildwissenschaften. Obwohl sie Bilder herstellt um Aussagen über biologische Phänomene zu machen, gilt das wissenschaftliche Interesse diesen Phänomenen, und nicht dem Verstehen oder Verwenden von Bildern. Da der Begriff ‚Bild' für viele unterschiedliche Phänomene und Objekte genutzt wird, sollten einige Einschränkungen gelten. Als Bilder sollen in diesem Diskurs zeichenartige Objekte angesehen werden, die materiell, sprich visuell wahrnehmbar, artifiziell und relativ dauerhaft sind, sowie als visuelle Veranschaulichung (real oder virtuell) eines Sachverhaltes dienen.

Als minimale Kriterien für die Existenzberechtigung einer allgemeinen Bildwissenschaft muss gelten, und hier sei auf die Veröffentlichungen von Klaus Sachs-Hombach [Sachs-Hombach 2003] verwiesen, dass eine solche Wissenschaft sich mit dem Bildphänomen in seiner Gesamtheit beschäftigt. Die notwendigen Aspekte sollten in systematischer Weise verbunden und eine Rahmenkonzeption für die Zusammenarbeit der Einzeldisziplinen aufgezeigt werden. Notwendig ist ein Paradigma, d.h. eine Theorie der Musterlösung, und eine sich daraus begründende einheitliche Methodik. Alle Bildwissenschaften zusammen formen die allgemeine Bildwissenschaft. Ziel ist die umfassende Untersuchung und Erläuterung von Bildern. Insofern kann z.B. auch die Kunstwissenschaft nur ein Teilgebiet einer solchen interdisziplinären Plattform sein. Die Kunstwissenschaft selber fokussiert im Wesentlichen auf Bilder im Kontext der Kunst bzw. der Künstler. Bilder in Anwendungen der Informatik, der Wirtschaftswissenschaften oder der Sozialwissenschaften werden selten zufriedenstellend mit kunstwissenschaftlichen Methoden bearbeitet.

Die einzelnen Bildwissenschaften verfügen über Ideen, Definitionen und Anwendungsgebiete für Bilder, interessanterweise produzieren die wenigsten davon tatsächlich Bilder. Dies könnte der spezielle Beitrag des Designs zu dem bildwissenschaftlichen Diskurs sein. Allerdings werden Fotografen, Zeichner, Maler und insbesondere diejenigen davon, die mit Bildern Kommunikation herstellen wollen, Vereinbarungen über den Bild-Code formulieren müssen, so z.B. über die Argumentation mit Bildern auf visueller Basis [Scholz 2000]. Dazu gehören auch Vereinbarungen über die Gültigkeit von Annahmen, über die Bedeutung einer einzelnen visuellen Aussage und über die hierfür geeignete Bildgestaltung z.B. in Form von Gestaltungsregeln [Weber 1990; Mante 2000]. Wenn die Gestaltungsdisziplin den anderen Bilddisziplinen nur Vages, Unverbindliches und Relativierendes anbietet, werden die notwendigen Vereinbarungen über die Herstellung, Verwendung und Bewertung von Bildern durch andere Disziplinen ohne den speziellen Blickwinkel des Designs festgelegt. Für das zweidimensionale Design (Grafikdesign, Kommunikationsdesign, visuelle Kommunikation o.ä.) können vier Ziele in der Bildwissenschaft formuliert werden:

Sammlung der Methoden
Wichtig erscheint zunächst ein vertieftes Wissen über die interne Differenzierung der bildschaffenden Verfahren innerhalb des Designs, z.B. Fotografie, Grafik, digitale Bilderzeugung. Dazu gehört die Beleuchtung der Gemeinsamkeiten, Verflechtung und Unterschiedlichkeit der Verfahren nicht nur aus technischer, sondern gestalterisch-handwerklicher Sicht und unter Berücksichtigung generalisierender und forschungsrelevanter Fragestellungen. Es wird eine Methodensammlung für spezielle visuelle Belange benötigt, um Grundwissen für die Weiterentwicklung der Bildverfahren zur Verfügung zu stellen.

Untersuchung der Phasen
Notwendig erscheint eine Untersuchung, welchen Weg ein Bild durch die unterschiedlichen Phaseen in der visuellen Kommunikation nimmt. Jede dieser Phasen weist eigene Bedürfnisse an die Bilder auf. Thesenhaft können wir vermuten, dass die Veränderungen in einer solchen Abfolge eine zunehmende Abstraktion zeigen, in der das konkrete Bild immer stärker zu einem Mittel unter vielen anderen in der Kommunikation wird.

Interdisziplinäre Zusammenarbeit
Für die Verankerung des Designs innerhalb der Bildwissenschaft ist es wichtig zu erfahren, inwiefern Produkte bzw. bildschaffende Verfahren und Methoden des Kommunikationsdesigns von anderen Wissenschaften verwendet werden. Das gilt insbesondere für jene, die zur engeren Auswahl gehören werden und sich im Wesentlichen mit dem Einsatz und der Rezeption (nicht mit der Herstellung) von Bildern beschäftigen, z.B. Kommunikationswissenschaft, Medienwissenschaft, Politikwissenschaft, Pädagogik, Soziologie und Kulturwissenschaft. Die Zusammenarbeit erscheint, bedingt durch ähnliche Fragestellungen (z.B. Manipulation von Bildern, emotionale Erlebbarkeit von Bildern, Form-Inhalt-Problematik, Erzeugung von Kontext) als fruchtbar. Eine Diskussion mit anderen praxisorientierten Bildherstellern, z.B. der Bildenden Kunst oder dem Film, mag zunächst spannend erscheinen, kommt aber über den Austausch auf Herstellungsebene nur selten hinaus und bietet wenig Gelegenheit zur Entwicklung neuer Forschungsmethoden. Forschungsgegenstand

wäre bei einer Zusammenarbeit mit den hier genannten Fächern z.B. die Entwicklung eines gestalterisch fundierten und anwendungsdisziplinorientierten Regel- und Methodenkanons für die Bildrezeption und –verwendung.

Wissen um die Bildproduktion
Gesamtziel sollte eine stärkere Positionierung des bildschaffenden Kommunikationsdesigns innerhalb der Bildwissenschaft sein. Die Bildgestaltung und deren Herstellung ist zentrales Moment im Gestaltungsprozess. Das ist ein bemerkenswerter Unterschied zu vielen anderen beteiligten wissenschaftlichen Fächern, z.B. Psychologie, Informatik oder Politikwissenschaft, die zunächst nur über die Verwendung von Bildern reflektieren.

Da Design in erster Linie ‚Bilder' und kein ‚Wissen' schafft, kann die gestalterische Arbeit nicht als Wissenschaft betrachtet werden. Hier fehlt die systematische, an Regeln gebundene und diskursorientierte Auseinandersetzung über die disziplineigenen Methoden. Besser geeignet scheint hierfür der Begriff der Forschung, im Sinne einer schöpferisch-geistigen Bemühung um neue, allgemein überprüfbare Erkenntnisse zu sein. Das schließt den Akt der Kreation, der in jedem Gestaltungsprozess den Anfang bildet, mit ein. Wenn das Design seinen Teil der Bildproduktion allgemeinverständlich und für die einzelnen Bildwissenschaften nachvollziehbar erklärt, wird das Gesamtergebnis der allgemeinen Bildwissenschaft breiter abgesichert. Der Wunsch nach Regeln ist der Wunsch nach Teilhabe und Autonomie.

Zweiter Ansatz

Betrachten wir einen weiteren, durchaus lebenspraktisch orientierten Aspekt von Bildern. „Die Photographie simuliert das Wunder der Existenz. Sie entfaltet und fixiert das Erstaunen über das Erscheinen, während wir am Abgrund des Verschwindens leben. Erst ist nichts da, dann entwickelt sich etwas, irgendwie." [Morley 2002, 7].

Wenn wir davon überzeugt sind, dass Bilder das Leben, wenn auch nicht naturalistisch abbildhaft, so doch realistisch erfahrbar machen und zumindest der westliche Mensch sich als Individualist begreift, dann kann Gestaltung niemals den starren Regeln einer formalen Wenn-dann-Logik folgen. Die Vorherbestimmung, wie sie treugläubend mit der Stabilität z.B. eines Brückenbauwerkes verbunden und von Ingenieuren erwartet wird, ist das Gegenteil der gestalterischen Arbeit. Jedes Bild soll und muss neuartig sein, will es keine Langeweile beim Publikum hervorrufen. Der übliche Hinweis an dieser Stelle auf die besondere Tauglichkeit von Piktogrammsystemen ist nicht ganz zulässig. Piktogramme sind sinnvolle Orientierungssysteme, wenn es um die Aktivierung des vorhandenen Wissen beim Betrachter geht. Ein Neuerwerb von Wissen findet nicht statt [Weidenmann 1994, 31ff]. Unser Gehirn lernt nichts durch das Piktogramm, sondern allenfalls den Satz, den dieses Zeichen repräsentiert.

Regeln der Bildgestaltung zu formulieren scheint in Hinblick auf diese angeführten Argumente daher müßig. Aber seien wir ehrlich: Die Strassenverkehrsordnung ermöglicht es, trotz der peniblen Bestimmungen in Deutschland, dass jeder, ob zu Fuß, mit dem Rad oder dem PKW, jederzeit und ohne Probleme von einer Stadt in die nächste über die zugänglichen Strassen gelangen kann. Zwischendrin kann er umkehren oder sich anders entscheiden, um ein weiteres Ziel anzufahren. Die Grundidee des Regelsystems ist nicht kontraproduktiv oder per se hinderlich für die Transportaufgabe. Denn der ‚Zwang' der Regeln wirkt sich nicht auf das Ziel der Fahrt, sondern auf die Interaktion der einzelnen Verkehrsteilnehmer aus. Die Strassenverkehrsordnung beschreibt das ideale Verhalten aller Beteiligten auf übergeordneter und gleichwohl konkreter Ebene. So lange andere nicht gefährdet werden, kann und soll jeder so fahren und laufen, wie er oder sie mag. Italien und Thailand sind gute Beispiele für Gelassenheit.

Bilder könnten ebenso gemacht und angeschaut werden. Die Kreationen sollen sich unterscheiden und auf den Vorzügen der einzelnen Gestalter beruhen. Eine Theorie der Bildherstellung wäre keine Einschränkung der Freiheiten, als vielmehr eine unmittelbare Theorie zur Praxisanwendung. Es wäre eine Anleitung zur Praxis auf der Basis allgemeiner Regeln. Aber wenn alles, was in den Bildern steht, ohne Erklärung beliebig und folgenlos bleibt, werden alle Bilder letztendlich austauschbar und gleich. Alles wird egalisiert, auf niedrigstem Niveau. Und eben dieses Beliebige simuliert viel zu wenig das Wunder der Existenz und das fixierte Erstaunen über die Erscheinung. Der Wunsch nach Regeln ist der Wunsch, die Gestaltung zu verstehen.

Literaturverzeichnis

Böhm, Gottfried (Hrsg.): Was ist ein Bild?, 2. Aufl. München 1995: Fink.
Mante, Harald: Bildaufbau und Farbdesign, Gilching 2000: Verlag Photgraphie.
Morley, Paul: In: Anton Corbijn, a.somebody, strijen, holland. München 2002: Schirmer und Mosel.
Sachsse, Rolf : „Bilder gebrauchen – Am Ende der Photographie?" In: Virtuelles Magazin 2000, Ausgabe 6 / März 2001 unter: http: //puk.de/virtual-museum/magazin/
Sachs-Hombach, Klaus: Das Bild als kommunikatives Medium. Elemente einer allgemeinen Bildwissenschaft, Köln 2003: Herbert von Halem Verlag.
Scholz, Martin: Technologische Bilder – Aspekte visueller Argumentation, Weimar 2000: VDG.
Weber, Ernst A.: Sehen, Gestalten und Fotografieren, Basel 1990: Birkhäuser.
Weidenmann, Bernd: Lernen mit Bildmedien, 2. Aufl. Weinheim und Basel 1994: Beltz.

Kurzbiografie Martin Scholz

Jg. 1963, Fotografenlehre, Kommunikationsdesignstudium in Wuppertal, wiss. Mitarbeiter an der Universität Magdeburg, Promotion bei Bazon Brock und Thomas Strothotte.
Seit 1999 künstl. Assistent an der Hochschule für Bildende Künste Braunschweig mit den Schwerpunkten Bildgestaltung und Neue Medien. Veröffentlichungen u.a. zur visuellen Argumentation, Gestaltungsregeln für Bilder und im Bereich der Bildwissenschaften.

Email: ms@schwarzaufgelb.de

Wolfgang Vollmer

Gibt es Regeln für die Bildgestaltung?

Wie könnten diese Regeln lauten und mit welchen Aufgaben und Übungen lassen sich in einem Studium mit Fotografie diese Regeln finden, trainieren und einsetzen? Und wie starr ist diese Vorgabe, wie weit muß ich mich daran halten, um ein interessantes Bild zu erzielen? Ist Bildgestaltung wichtig?

Ich möchte das erläutern und Ihnen meine Erfahrungen und meine Auffassungen von Regeln vorstellen, Regeln für die Bildgestaltung an Hochschulen. Ich benutze in dem Zusammenhang lieber den Begriff der *Fotografischen Bildsprache*, und in diesem speziellen Fall spreche ich lieber von *fotografischer Grammatik*. Denn genauso wie die Grammatik einer Sprache verstehe ich Bildgestaltung auch als Mittel zum Zweck und nicht als Selbstzweck. Um diese Sprache über das allgemein Bekannte hinaus zu gebrauchen, sollte man einige der Regeln und Gesetzmäßigkeiten kennen.

1. Jedes Bild hat eine bewußte oder unbewußte Bildgestaltung.

Das heißt, selbst ein Familienfoto, das unbeholfen von einem Amateur gemacht wurde, hat genauso gestalterische Elemente wie ein durchgestyltes Werbebild. Ein unvorbereiteter Betrachter wird beide Bilder dem jeweiligen Zusammenhang zuweisen können. Aber hier läuten schon die Warnglocken! Was ist, wenn das ›Werbefoto‹ ein

›Familienfoto‹ imitiert? Diese Fragestellung beweist, daß es also das Gestaltungsmuster ›Familie‹ geben muß, daß bestimmte Szenen erst durch ihre Gestaltung charakterisiert werden. Diese Gestaltungsmuster sind sicher nicht festgelegt, sondern definieren sich immer wieder neu durch aktive Strömungen der Kunst, der Medien und der technischen Möglichkeiten. Der Rahmen bleibt, aber die Ausprägung ändert sich. Und auch die digitalen Möglichkeiten haben bisher noch keine neuen gestalterischen Elemente den bisherigen zugefügt.

2. Bildgestaltung bedeutet, jeden Quadratzentimeter des Bildes zu kontrollieren.

Das heißt, wo ist was plaziert, welche Schärfe und welcher Ausschnitt, welche Farbe und welche Größenverhältnisse ... alles scheint variabel und gerade deshalb muß es festgelegt und bestimmt werden!

3. Bildgestaltung sollte immer von einer inhaltlichen Komponente getragen sein.

Natürlich ist jeder Einsatz eines bildgestaltenden Elements abhängig von seinem eigentlichen Anlaß, Gestaltung sollte nicht Selbstzweck sein.

4. Bildgestaltung sollte in einer untergeordneten Ebene im Bild mitschwingen.

Genauso wie der Einsatz von fotografischer Technik nicht erkennbar sein sollte, nicht im Vordergrund stehen sollte, so darf man die unterstützenden gestalterischen Maßnahmen nicht zu offensichtlich präsentieren.

5. Bildgestaltung verlangt manchmal die bestehenden Regeln zu durchbrechen.

Ein perfekt organisiertes Bild bestätigt unsere Harmonie und Wohlfühlbedürfnis und hat aber eben genau dadurch auch kein Reiz mehr, ist kein auffälliges Foto.

6. Ein Bild interessiert, fällt auf oder irritiert nur dann, wenn man auch über seine Gestaltung stolpert.

Foto-Bild-Gestaltung

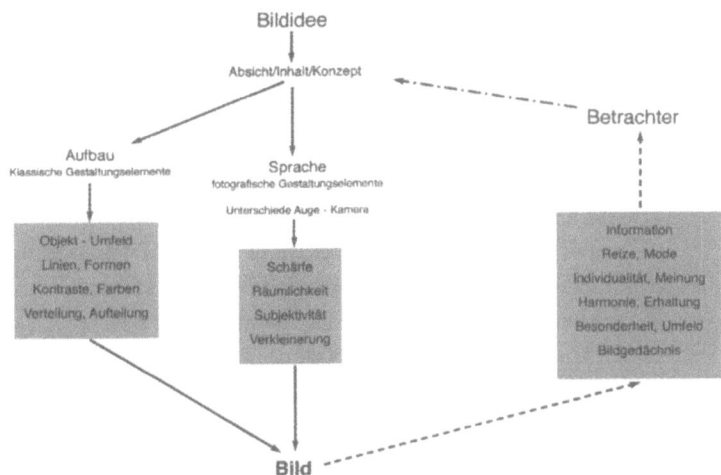

Fotografien, deren einziger Effekt darin besteht, Aufreizendes oder Ungewöhnliches abzubilden, werden schnell und unverarbeitet wegkonsumiert. Ist das Foto aufreizend oder ungewöhnlich gestaltet, dann bleibt es länger haften.

Doch wie behalte ich im Zusammenspiel der einzelnen Positionen den Überblick? Was geht, wie schule ich mein Sehen, mein Beobachten, mein eigenes Fotografieren? Dazu habe ich in einer Grafik ein System von Beobachtungspunkten zusammengestellt.

Die *Bildidee* wird getragen durch inhaltliche bzw. konzeptuelle Anforderungen, die wiederum von dem potentiellen Betrachter abhängig sind. Ein Foto von einem Auto muß verschieden ausfallen wenn der Zweck, die Absicht verschieden ist. Ein Werbefoto verlangt eine bestimmte Gestaltung, die wiederum abhängig ist vom Gestaltungsknow-how, dem Bildergedächnis des potentiellen Käufers. Wenn dahingehend die Frage »Autowahnsinn auf der Autobahn« diskutiert wird, muß dann auch die Gestaltung eines Autofotos sicher anders aussehen, um den am Thema Interessierten anzusprechen, zu unterstützen, vielleicht sogar in seiner Meinung zu bestätigen.

Das *Bild* unterliegt bei der Produktion zwei Gruppen von Themenkreisen. Die Bildgestaltung wird einerseits bestimmt durch die klassischen Gestaltungselemente und andererseits durch die fotografischen Gestaltungselemente, die Grammatik der fotografischen Sprache. Die klassischen Gestaltungselemente sind bedingt durch die Entsprechungen in der Natur, wie Horizontlinie, wie Farben und organische bzw. nichtorganische Formen. Die fotografischen Gestaltungselemente sind abhängig von den technischen Bedingungen, die nur hier existieren, wie Blende, Zeit und Ausschnittwahl.

Dabei sollte nicht vergessen werden, daß es deutliche Unterschiede gibt zwischen einer Wahrnehmung einer Szene durch die Augen und der Betrachtung der gleichen Szene auf einer Fotografie. Das Auge/der Mensch sieht dreidimensional, sieht alles in Abläufen, dreht den Kopf und beobachtet mit subjektiven Interesse einzelne Geschehnissen.

Die Fotografie hält zweidimensional in einer Momentaufnahme einen Ausschnitt der Wirklichkeit fest, relativ objektiv. Und als größten Unterschied habe ich dann auch noch eine Verkleinerung der Realität vor mir. Ein Sonnenuntergang, der den ganzen Himmel vom Horizont bis zum Zenit in ein grandioses Farbenspiel eintaucht, kann unmöglich in einer 9 × 13 cm großen Vergrößerung die gleiche Wirkung erzielen. Zumal wenn das Bild noch flach vor und auf dem Tisch liegt und dadurch eine weitere Verniedlichung erfährt. Dieses offensichtliche Manko der Fotografie kann aber durch den geeigneten Einsatz nicht nur wettgemacht werden, sondern kann auch noch zu seinem Vorteil genutzt werden. Beide Blöcke sollten bei einer fotografischen Aufnahme in Kombination kontrolliert bzw. sinnvoll eingesetzt werden.

Möchte ich – um ein ganz einfaches Beispiel zu bringen – Ruhe, Tiefe und Entspannung zeigen, wähle ich horizontale Linienführung, gedeckte Farben und harmonische Formen. Der Horizont vermittelt keine Bewegung, die richtige Farbwahl wie Blau (Himmel) oder grün (Natur) beruhigt und z.B. runde Formen symbolisieren Ausgewogenheit und Geschlossenheit. Ich fotografiere eher mit einem schwachen Weitwinkel, einem normalen Standpunkt aus Augenhöhe und mit hoher Tiefenschärfe. Will ich im umgekehrten Fall Leben, Spannung und Dynamik zeigen, werde ich einen gekippten Horizont, hohe Kontraste und kräftige Farben bevorzugen. Vielleicht mit einem starken Weitwinkel oder Teleobjektiv und einem extremen Standpunkt werde ich partielle Schärfe nutzen, um der Aufnahme Leben und Bewegung zu geben.

So einfach ist es leider nicht immer und sicherlich reicht es nicht, diese Regeln sklavisch zu befolgen, um ein sicheres und richtiges Ergebnis zu erzielen. Das Interesse an einem Bild wird nicht garantiert, wenn die oben beschriebenen Regeln genutzt wurden. Manchmal muß man diese Regeln auch bewußt brechen. Aber um sie zu brechen, muß man sie kennen. Und man muß wissen, für wen ich das Bild mache, denn gerade in der Kenntnis des Betrachters kann ich dem Bild die Note geben, die bei ihm Interesse auslöst. Um bei dem Autobeispiel zu bleiben: Eine Werbung für ein Auto, eine Reportage über Autobahnstaus und eine künstlerische Arbeit über das Bedürfnis von Menschen nach Bewegung benötigt jeweils andere Ausdrucksformen und jeweils anders Umfeld, wie z.B. Sportzeitung, Magazin und Kunstkatalog.

Der Betrachter verlangt die richtige Dosierung von Information, von visuellen Reizen und aktuellen modischen Positionen. Der Bildzeitungsleser will die Information schnell und direkt und will sie genauso schnell wieder vergessen. Der Besucher einer Kunstausstellung möchte sich das Bild erarbeiten und will beschäftigt werden. Trotzdem sucht er Bestätigung für seine Individualität, seine Meinung, vielleicht sogar Harmonie und Erhaltung seines Status Quo. Und der Mensch ist am meisten am Menschen interessiert. Besonderheiten, wie das Erkennen eines bestimmten Stils eines Fotografen, und ein ungewöhnliches Umfeld wecken weiterhin sein Interesse.

Ein Bild einer teuren Limousine von Helmut Newton nachts im klassischen Schwarz-Weiß fotografiert, vor dem Casino in Monte-Carlo auf einer Doppelseite in der Zeit! Das wär's! Das hätte einen hohen Stolpersteingrad!

Limousine: teures Spielzeug
Helmut Newton: bekannter Fotograf, gibt dem Auto unterschwellig Sex-Appeal
Nachts: verruchte Zeit
Schwarz-Weiß: fotografische Form mit Kunstcharakter
Casino: Jetset-Treffpunkt
Doppelseite: Großzügigkeit, Überraschung
Die Zeit: intellektueller Background, kein schlechtes Gewissen sich etwas Schönes vorzustellen.

Limousine

Helmut Newton

nachts

Schwarz-Weiß

Casino, Monte Carlo

Doppelseite

Übrigens: Hier haben sie ein gutes Beispiel für ein interessantes Bild, der Betrachter hat deutlich Raum, seine eigenen Phantasien in dieses Motiv hineinzulegen und das ist ein wichtiges Kriterium für ein gutes Bild: Platz für eigene Vorstellungen. Und immer wieder stoßen wir bei dem Versuch, Regeln aufzustellen, an die Grenzen dieser Reglementierung. Denn gerade der Bruch, die Mißachtung oder die Umkehrung der Regeln gibt dem Bild die notwendige Portion Sperrigkeit, den Betrachter zu reizen. Und oft hilft hier auch der Zufall, die Experimentierfreude und die Offenheit, auch einmal Mißlungenes näher zu untersuchen.

Doch auch die Mißachtung einer Regel scheint Gesetzen zu unterliegen, nicht jede Verdrehung führt zu einem sinnvollen Ergebnis. Die Umkehr der eben beschriebenen Aufnahme funktioniert nicht, weil der Bezug zu dem individuellen bzw. kollektiven Bildergedächtnis fehlt. Ein Golf steht, tagsüber auf einem Supermarkt-Parkplatz im Stile der Bechers fotografiert, als kleinformatiges Bild in der Braunschweiger Tagespresse. Das würde keiner bemerken. Als Resümee könnte gelten: Es gibt – durch ihren gestalterischen Auftritt festgelegte – grobe Raster für Fotografien, wie Reportage, Dokumentation, Familienbild, glatte Werbeaufnahme usw., deren Wertigkeit, deren Image wechseln kann, die Kategorisierung aber bleibt. Der Einsatzort eines Fotos kann sich ändern. Denn genauso wie sich Werbebilder im Kunstbereich finden lassen, so erscheinen viele Bildideen, die erfolgreich im Kunstmarkt publiziert werden, später als neue Strategien der Werber.

Ganz wertfrei läßt sich festhalten: Bildgestaltung ist alles und nichts. Doch die Grammatik muß erkannt, gesehen und geübt werden. Und um das Gefühl für die richtige Gestaltung zu schärfen, habe ich verschiedene Aufgaben für die Studenten gefunden. Eine erste Aufgabe für Erstsemester lautet: *Fotografieren sie ihr eigenes Jugendbild noch einmal an gleicher Stelle nach.*

Die Studenten sollen sich das Bild genau anschauen, den Ort, die Perspektive, die Lichtstimmung ... und dann das Bild wiederholen. Es entsteht eine Auseinandersetzung mit der Technik, mit der räumlichen Bedingungen und dem Konzept, den das Bildpaar funktioniert nur im Zusammenhang mit den schon gemachten Foto, vergleichende Rückschau auf das eigene Leben und auf die Veränderungen ... man lernt Beobachten. Diese Aufgabe ist ganz einfach und simpel, aber – *und das finde ich entscheidend* – macht Spaß, weil man erkennt, was Fotografie zu leisten vermag. Als Medium der Dokumentation, als Mittel für den Zeitvergleich und als Hinweis auf das Medium Fotografie. Und das ist noch ein wichtiger Aspekt, ein gutes Bild verweist auch auf die Bedingungen des Mediums, sagt etwas über das Medium. Später im Studium habe ich, als Erweiterung der eben gezeigten Bilder, folgende Aufgabe gestellt: *Fotografieren sie eine Werbung weiter, noch einmal oder ironisieren sie sie.*

Auch hier geht es wieder um Technik, nun anspruchsvoller, Recherche der Begebenheiten, Reiz, es den Großen, den Profis gleichzutun. Und wichtig: die Bildidee, das inhaltliche und gestalterische

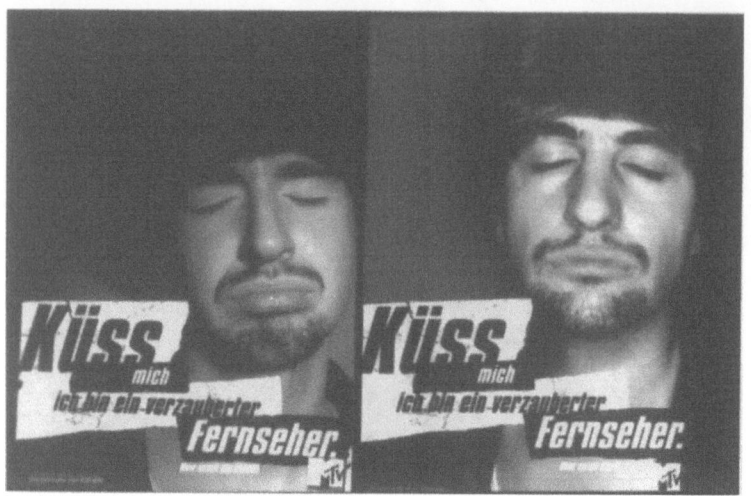

Konzept einer Kampagne zu erkennen und neu zu überarbeiten. Aber, macht Spaß, weil man erkennt, mit welchen Tricks Fotografie arbeitet.

Eine weitere Aufgabe: **Drehen sie eine künstlerische Aussage um.** Die Studenten sollten aus vorhandenen Bildern von Künstlern, die einen vermeintlichen Fehler zu einer künstlerischen Aussage genutzt haben, herausarbeiten und eine korrigierte Fassung schaffen. Mit einer gewissen Portion Humor und auf einem hohen Kenntnisstand der (aktuellen) Fotogeschichte greift die Veränderung direkt auf die

Henri Lartique
Delage beim Grand Prix, 1912

fehlerkorrigierte Fassung 1998

Bernd + Hilla Becher
Wasserturm, 1989

fehlerkorrigierte Fassung 1998

Wahrnehmung von Bildern ein. Das bekannte Bild von Lartique ist hier seines ›Fehlers‹ behoben worden und ist nun zwar fototechnisch korrekt, hat aber den surrealen Geschwindigkeitsrausch des Vorbildes verloren. Die Irritation entsteht, weil der Betrachter den Unterschied kaum merkt und trotzdem spürt, daß das Bild irgendwie schlechter, uninteressanter geworden ist. Beim zweiten Motiv ist mit der dokumentarischen Nüchternheit der Aufnahme der Bechers eine neue und reizvolle Variante erschaffen worden.

Zum Abschluß möchte ich noch eine freie Aufgabe zeigen: *Schaffen sie aus dem großen Konvolut von Bildern der Pyramiden von Gizeh eine eigene neue Bilderserie, recyceln sie die Pyramidenbilder.* Die Studenten sollten mit dem ungeheuren Konvolut von vorhandenen Bildern spielen und eine Serie schaffen, die sich auch mit dem Symbol Pyramide beschäftigt: Alter, Weltwunder, Steinernes Zeugnis einer alten Kultur, Rätsel ...

www.hbk-bs.de/stolpersteine/wv08.jpg

Kyungwoo Chun findet in seiner aktuellen Umgebung die Form der Pyramiden, spielt mit dem Alter, der mystischen Aufarbeitung der Pyramiden und zeigt hier die Relikte eines vergessenen privaten Albums in der Gestaltung eines wertvollen Beweises.

Harald Dreier präsentiert hier eine respektlose und aber fiktive Geschichte im Stile eines Fun-Sport Magazins mit Bikern, Skateboardern und Skatern. Es handelt sich (natürlich) um Montagen.

www.hbk-bs.de/stolpersteine/wv09.jpg

Thomas Zika mischt hier in einem Künstlerbuch, es handelt sich um Doppelseiten, gefundene Bilder von Pyramiden mit Bildern von Bauschäden und verbindet hier die Ästhetik bekannter Urlaubsbilder mit der nüchternen Dokumentarfotografie eines Ingenieurbuches.

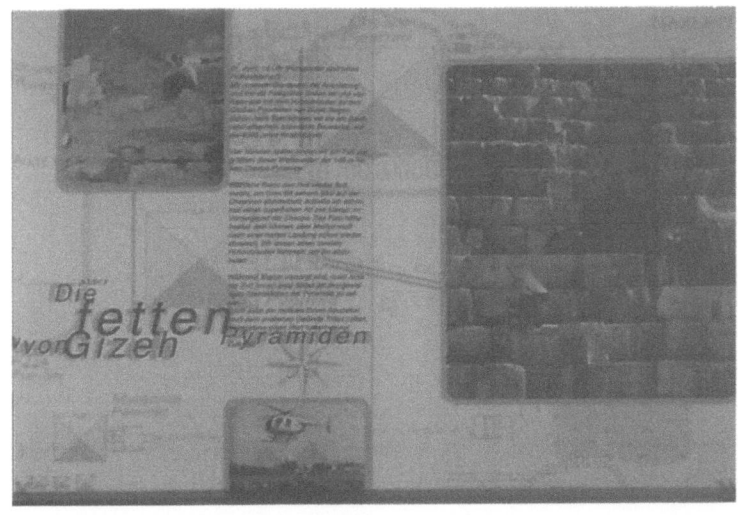

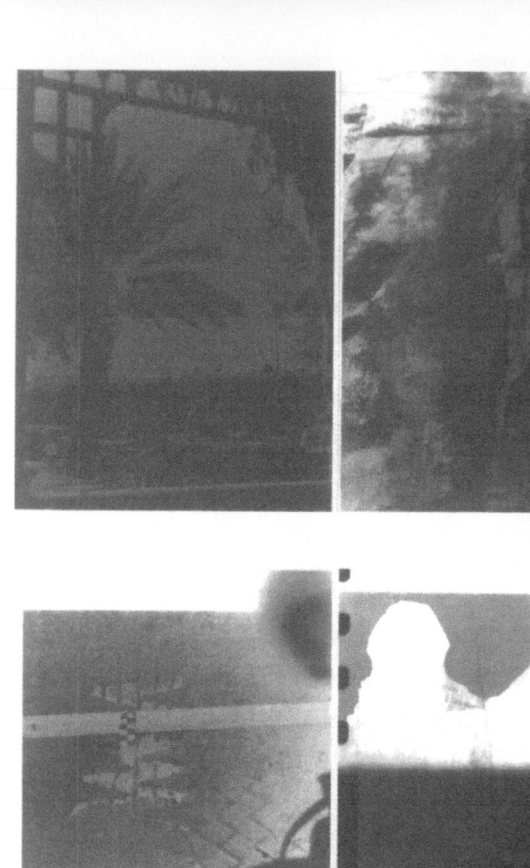

www.hbk-bs.de/stolpersteine/wv13.jpg

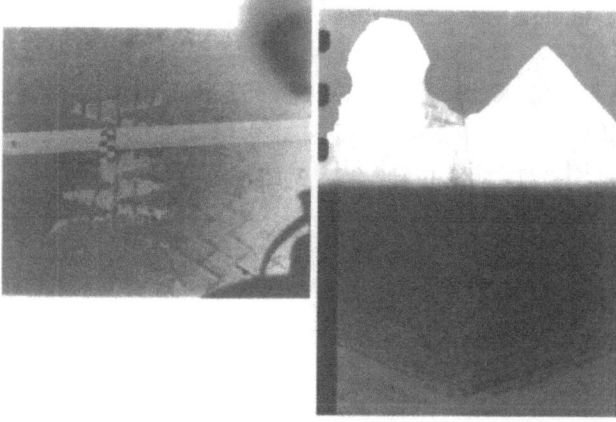

www.hbk-bs.de/stolpersteine/wv14.jpg

www.hbk-bs.de/stolpersteine/wv15.jpg

Kurzbiografie Wolfgang Vollmer

1952	geboren in Marburg/Lahn, aufgewachsen in Bonn, lebt und arbeitet seit 1977 als freischaffender Künstler/Fotograf in Köln.
1978-84	Studium der Freien Kunst/Künstlerische Fotografie bei Prof. Arno Jansen an der FHS Köln, Staatl. Abschluß.
1984-88	Meisterschüler bei Prof. Arno Jansen mit Abschlußprüfung.
1983	Lobende Erwähnung beim Otto-Steinert-Preis 1983, Essen.
seit 1985	verschiedene längere Studienaufenthalte in Spanien, Brüssel, New York, Wien und Indien.
1986	Berufung in die Deutsche Gesellschaft für Photographie (DGPh).
1985-1999	Dozent u.a. an der Bergischen Universität GHS Wuppertal für Fotografie im Fachbereich Kommunikationsdesign; an der Merz Akademie, Stuttgart; an der FHS Köln für fotografische Bildgestaltung und Dokumentarfotografie im FB Fotoingenieurwesen; an der FHS Würzburg für Fotografie im FB Gestaltung.

Veröffentlichungen

Meisterwerke der Fotokunst-Sammlung Tillmann und Vollmer, Wienand Verlag, 1985 Köln.

Köln, limitiertes Buchobjekt, 1989 Köln.

Köln 1970/1995 Chargesheimer/Vollmer, Bachem Verlag, 1996 Köln.

Das fotografische Gedächtnis, Spielobjekt, Auflage, 2000 Köln.

Referenzen, Buchobjekt, 2003 Köln (in Arbeit).

Andreas Maxbauer

Kreativ? Relativ ...

Eine Vorwegschiebung: Meine Frau und ich betreiben ein gemeinsames Designbüro vor den Toren Hannovers, wobei meine Frau nicht nur Designerin ist, sondern auch Künstlerin und als solche Bilder und Skulpturen schafft. Ich hingegen befasse mich mit Bildern eigentlich nur beruflich, und zwar als Anwender. Dadurch haben wir natürlich unterschiedliche Beziehungen zu Bildern. Mein Standpunkt ist mehr ein analytischer, auf die Wirkung und den Gebrauch gerichteter.

Sie müssen wissen, dass meine Frau und ich uns für heute nicht abgestimmt haben. Zudem haben wir zur Gestaltung und zur Methodik der Lehre jeweils einen anderen Zugang, der sich aber oft ergänzt. Das gilt auch für die Resultate: Wir nähern uns mit verschiedenen Arbeitsweisen, sind aber im Bewerten der Ergebnisse fast immer einig. Wundern Sie sich also nicht, wenn unsere Stolpersteine jetzt sehr unterschiedlich ausfallen – entscheidend ist ja, was am Ende rauskommt.

Mein Ansatz für das Symposium ›Stolpersteine‹ lautet: Kreativ? Relativ ... Ich gehe davon aus, dass alle Kreativität der Designer nur innerhalb eines gewissen, durch Ordnungen begrenzten Rahmens funktionieren kann. Unter ›funktionieren‹ verstehe ich dabei die Wirkung auf jemanden, der sich eine Gestaltung anschaut. Kurz – es kommt auf die Betrachter an. Dieser Rahmen, der Kreativität zum einen eingrenzt und zum anderen ermöglicht, wird abgesteckt durch Wahrnehmungen und Erfahrungen, die sowohl die Betrachter als auch die Gestalter gesammelt haben. Denn wenn jemand etwas nicht erkennt, nicht mit seinen visuellen Erfahrungen vergleichen kann – wie soll er dann wissen, dass es neu, dass es einzigartig ist?

Kreativität in unserem Beruf ist also das Spiel mit dem Bekannten – insofern ist kreativ relativ. Dieses Relative, durch Natur- und Kulturerfahrungen, durch Material- und Produkteigenschaften, und vor allem durch die Sicht- und Betrachtungsweisen Bestimmte lässt sich erarbeiten. Der nächste Schritt und auch meine These ist, dass sich somit hochqualitative Gestaltung im wesentlichen durch die Kenntnis und den spielerischen Umgang mit den eben genannten Kriterien entwickeln lässt.

Alles was auf Kenntnis und Anwendung beruht, lässt sich auch lehren. In Bezug auf die Gestaltungslehre heißt das, dass das Vermitteln von Wahrnehmung und visueller Erfahrungen sinnvoll ist. Denn wer weiß, wie ein Betrachter das Bild oder das Layout sieht und bewertet, erhält damit Ansätze für einen kreativen und spielerischen Umgang mit Gestaltungsregeln. Das ist auch gar nicht so schwer, weil jeder von uns das notwendige Rüstzeug mitbekommen hat, denn alle haben von Kindesbeinen an eine visuelle Konditionierung mit relativ gleichen Natur- und Kulturerfahrungen durchgemacht. Das Endprodukt ist in einer Wahrnehmungslehre zusammengefasst, deren Kenntnis schon die halbe Miete beim Layouten und beim bildnerischen Gestalten ist. Dabei ist es sehr hilfreich, wenn man sich schon vor Beginn der Arbeit über sein Ziel im klaren ist.

Ich will das eingangs an einem Exkurs festmachen, der sich beispielhaft dreier Gestaltungskriterien bedient. Es gibt noch wesentlich mehr, aber zur Illustration sollten lediglich die Kriterien Qualität, Umfeld und Beziehung herhalten. Ich mache das der Einfachheit halber mal am Gestaltungsgrundlagenstoff für die Erstsemester fest. Es gibt eine didaktische Schiene, die da heißt »Von Punkt und Linie zu Fläche«. Sie hat den Vorteil, dass sich die Gestaltungsgrundlagen sowohl durch das verstandesmäßige Erkennen als auch über das emotionale Erfahren – das Erspüren – an die Studierenden bringen lässt. Da wir nicht wissen, ob Sie hier Ihre Studierenden mit Punkt–Linie–Fläche traktieren, gehe ich ganz kurz darauf ein und mache dann sofort den Sprung in die Anwendung dieser Methodik.

Die ersten Übungen dieser Lehrmethode beginnen mit Reflektionen über das kleinste Gestaltungselement, den Punkt. In dem Moment, in dem sich Studierende und Dozenten darüber verständigen,

www.hbk-bs.de/stolpersteine/am3.jpg

was ein Punkt ist, welche Formen er haben darf, bis zu welcher Größe man einen Punkt vor sich hat, reden wir über die Eigenschaften und die Qualität eines Gestaltungselementes.

Die ersten Reflektionen eines Betrachters sind immer die über eine Qualität. Bei einem Bild zum Beispiel stellt er sich die Fragen: Was sagt das Bild aus, an was erinnert es mich, wie wirkt es auf mich, was empfinde ich ...? Das sind alles Dinge, bei denen ein Betrachter an seine bereits gemachten visuellen Erfahrungen anknüpft. Wenn Leute mit einem Bild oder einer künstlerischen Gestaltung nichts anfangen können, liegt es daran, dass sie keine Vergleichsmöglichkeiten mit dem haben, was sie bisher gesehen und gelernt haben. Ein paar Beispiele dazu, wobei ich Sie bitte, nicht die bildnerische Qualität zu beachten, denn die viele Abbildungen sind Urlaubs-Schnappschüsse oder gescannte Layouts:

Was sagt ein Bild aus? Wir haben zu Bildern immer einen Aussage-Bezug, der meistens mit Erinnerungen und Meinungen gekoppelt

ist. Wir sehen dabei vor allem Dinge, die gar nicht abgebildet sind. Das Bild ist dabei häufig der Code für etwas ganz anderes. Auch bei diesem Bild ist es so: Wir haben eine Meinung über den Menschen, der hinter diesem Tor haust – obwohl wir ihn doch gar nicht kennen. Seinen besonderen Charme und seine inhaltliche Qualität bekommt das Thema, weil ein Law-Order-Typ so einen heruntergekommenen Eingang hat.

Auch hier: Was sagt ein Bild aus? Eigentlich nix, weil Sie nur einen Gartenzwerg sehen, der ein Fähnchen schwenkt. Wenn Sie das nun aus Sicht eines Typografen sehen, bekommt das nun einen anderen Sinn. Ein Beleg dafür, dass die inhaltliche Qualität eben vom Betrachter und seinen bisherigen Erfahrungen abhängt.

Das Phänomen dieser und vieler anderer inhaltlicher Qualitäten ist natürlich längst untersucht. Wir wissen darüber hinaus aus Wahrnehmungsuntersuchungen zur Medien-Rezeption, dass einige Bildmotive unschlagbar sind, was dazu führt, dass einige klassische Blickfänge immer wieder auftauchen. Das Ergebnis ist dann, dass es Rangfolgen von Motiven gibt, die etwa lauten: Kinder sind als Bild wichtiger als Erwachsene, Portraits schlagen Ganzkörperaufnahmen, diese wiederum Sachaufnahmen etc. Das Ganze gibt es auch gestalterisch, z. B. in der Kenntnis, dass große oder freigestellte Farbaufnahmen Aufmerksamkeitsvorteile gegenüber kleinen Schwarzweißbildern haben. In Anwendung dieser Regeln lassen sich sehr wohl Layouts und somit Betrachter steuern, indem Stimmungen und Spannungsbögen entwickelt werden. Das ist nicht sehr kreativ, eher konzeptionell, Sie werden das gleich noch an einem Beispiel sehen.

Das stärkste qualitative Moment bei der Bildbetrachtung ist die Erinnerung. Gestaltung kann nur mit einem visuellen Gedächtnis funktionieren. Nehmen wir zum Beispiel diese Kampagne, bei der Anzeigenaufbauten bekannter Marken gezeigt wurden, allerdings ohne Motiv, Headline, Copy, Logo und Claim – und doch weiß jeder, welche Marken sich dahinter verbergen. Das funktioniert, weil auch eine Markenführung immer beim Gedächtnis ansetzt.

Auch witzige Einfälle und Kreativität operieren meistens mit Erinnerungen: Ein Witz kann nur funktionieren, wenn er an etwas Bekanntes anknüpft, das bloß assoziativ umgewidmet wird. So ist das hier, weil die Milka-Kuh mit dabei ist – ohne dass es auch nur den geringsten Hinweis auf Schokolade gibt. Erinnerung ist von den Qualitätsaspekten eines Bildes, das stärkste: Nehmen Sie

zum Beispiel ein Familienalbum, legen Sie es Ihrer Mutter vor und sie wird Ihnen stundenlang Dinge erzählen, die so rein gar nichts mit den Bildern zu tun haben. Weil Menschen unterschiedliche Erfahrungshorizonte haben, sprechen sie auch auf unterschiedliche Bilder und Stile an. Meine Frau hat letztes Jahr einen sehr schönen Artikel geschrieben, in dem sie Beobachtungen aus ärztlichen Wartezimmern fixiert hat, weil sie beobachten konnte, welcher Typus nach welchen Zeitschriften greift, bei welchen Bildern er verweilt und so weiter. Auch kreative Einfälle wirken nur deshalb kreativ, weil sie anders sind. Anders als was? Als etwas, an das wir uns erinnern ... So einfach ist das.

Ein letztes Beispiel zur Erinnerung, das sogar rein mündlich erfolgen kann. Sie alle kennen folgende Bilder: Den Fingerzeig Gottes von der sixtinischen Kapelle. Die beiden schrecklich gelangweilten, nach oben schauenden Barock-Putten. Oder die Bauarbeiter, die hoch über New York sitzend ihre Mittagspause auf einem schwebenden Stahlträger machen. Diese Bilder sind abgenutzt und verbraucht, ein Phänomen, dass bei interessanten Bildern schneller eintritt als bei belanglosen. Und wenn wir schon mal dabei sind: Wenn Sie sich umschauen, was als Designklassiker gilt – es sind selten die hyperkreativen Objekte, sondern die durchdachten, die zum Betrachter und Besitzer eine Beziehung aufbauen.

Zu den qualitativen Momenten eines Bildes gehören natürlich auch die gestalterischen Komponenten also Dinge wie Aufbau und Komposition oder Farbe – das ist das, worüber wir in der Regel viel unterrichten und wovon wir günstigstenfalls etwas in Bildern wieder finden. Aber auch dieses Wissen und das ganze regelgerechte Arbeiten taugt nur dann etwas, wenn es an die Kenntnisse der Betrachter

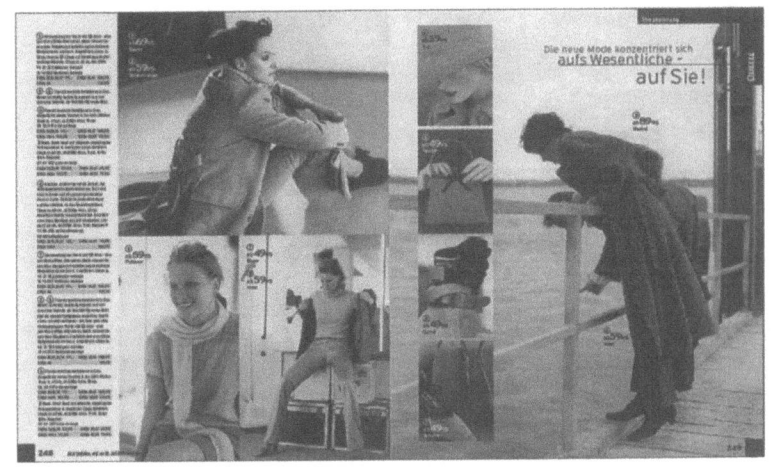

Wo das sehr systematisch gemacht wird, ist bei vielen Zeitschriften und bei Broschüren. Nehmen wir etwa Quelle-Kataloge, die seit ihrem Relaunch richtige Spannungsbögen einbauen, z.B. bei der Farbe: Da gibt es einen farbigen Stopper, indem eine Doppelseite sehr markant in einer definierten Farbe den Fluss des Blätterns unterbricht. Diese Farbe nimmt auf den folgenden fünf Seiten quantitativ langsam ab und verschwindet, bis der nächste, andersfarbige Stopper kommt. Dieses Qualitative, das den Bildern und Layouts innewohnt und von den Betrachtern verstanden wird, ist relativ einfach handlebar, also auch lehrbar.

Zweites Gestaltungskriterium, das Umfeld. Es gibt keinerlei Gestaltung ohne ein Umfeld: die Brille im Gesicht, das Bild an der farbigen Wand, die Möbel im Raum, die Kleidung zum Typ – alles sind Wechselwirkungen von Gestaltungselement und Umfeld. Bei Punkt–Linie–Fläche wird das in den ersten Stunden so gemacht, dass die Studierenden Punkte nach vorgegeben emotionalen Eigenschaften auf die Flächen kleben. Zum Beispiel: »Kleben Sie einen Punkt auf eine möglichst ruhige oder eine möglichst spannende Position.« Mich überrascht immer wieder, dass 80–90 % aller Ergebnisse sehr ähnlich sind, weil die gleichen Positionen gewählt wurden. Aber eigentlich ist es kein Wunder, weil alle Menschen die gleichen Wahrnehmungserfahrungen und -empfindungen gemacht haben, also auch die Gestalter und die Betrachter. Mittlerweile erkenne ich schon bei den ersten Übungen, welche Studierenden unter Dauerstrom stehen, ein hohes Urlaubsbedürfnis oder gar schweren Liebeskummer haben.

Zur Regelanwendung in der Praxis: Auch die Betrachter bewerten immer das gestalterische Umfeld mit, besonders den Stand und die Größe eines Gestaltungselementes. Nehmen wir zum Beispiel ein Layout. Sie wissen aus dem Entwerfen – besonders, wenn man festhängt – dass ein Layout und darin positionierte Bilder je nach Stand eine völlig unterschiedliche Wirkung erhalten.

Es gibt da nämlich eine Grundorientierung, ein Positionsprinzip in uns, das uns sagt, dass schwere oder dunkle Gestaltungselemente, die oben stehen, ein Layout aktiver wirken lassen. Oder wenn das Bild unten steht, ruhiger und lastender, besonders wenn das Bild querformatig ist. Ebenso sind die linke Seite eines Layouts mit ›Start‹ besetzt und die rechte Seite mit ›Ziel‹. Auch diese Positionierungen knüpfen an unsere Naturerfahrungen an, z. B. dass alles, was sich nach oben bewegt, Aktivität erfordert, oder alles was unten liegt, absoluter Ruhe gleichkommt. Ist in der linken Seite eines Layouts etwas großes Bildnerisches enthalten, wirkt es ungewöhnlicher, auch unfertiger, als wenn es auf der rechten Seite steht, die mehr fertig und abgeschlossen wirkt.

In der Umsetzung heißt das, dass die Kenntnis der Bild-Positionierung nicht nur das Entwerfen selbst einfacher macht, sondern auch die Wirkung des Layouts planbar wird. Die Wirkungen von Bild und Umfeld ist sogar eines der am einfachsten handhabbaren Tools, das hörten Sie gerade. Nun das Beispiel dazu: Wenn ich zeigen möchte, dass ein Ministerkandidat aufrecht geht, stelle ich ihn auf die rechte Seite und lasse ihn eine Bewegung vom Bund weg machen. Unterstützen lässt sich das Ganze durch den Blick eines Abgebildeten, weil die Betrachter immer dem Blick des Fotografierten folgen

und durch die stark horizontale Typografie, die dem Nichtkandidaten quasi den Rücken freihält. Ähnliche Prinzipien kennen Sie übrigens auch im klassischen Aufbau von Fotos. Hier werden manchmal noch die Augenpartien durch Horizonte oder bestimmte Personen durch fallende Linien besonders betont, denn die kompositorischen Regeln sind im wesentlichen die Gleichen, nur die Mittel sind andere.

Bleiben wir bei der Politik und bei den Positionsprinzipien, z.B. bei Zeitschriften. Am beliebtesten als Anordnungsform für Bilder ist hier seit einigen Jahren das Dreieck, weil dadurch eine Dynamik entsteht, die den Betrachter im Layout und auf der Doppelseite hält. In den mutigen Versionen nehmen die Bildgrößen, sich in etwa verdoppelnd, zu. Stimmen auch noch die Blickbeziehungen auf den Portraits, ist das Layout in Beziehung von Bild und Umfeld perfekt.

Noch mal kurz Umfeld-/Bildbeziehung, weil, basierend auf unserer räumlichen Konditionierung Aktiv/Passiv, Links/Rechts, auch eine inhaltliche entstanden ist. Achten Sie mal in Zeitschriften und auf Bildern darauf, wo Leute und Gegenstände traditionell stehen, denn auch hier gibt es jede Menge Üblichkeiten. Eine ist zum Beispiel, dass Täter – wie dieser Mörder – immer oben rechts stehen und die Opfer immer unten, bevorzugt links. Wobei die Opfer stets wesentlich kleiner als ihr Mörder zu sein haben. Das der Typ rechts oben ein Mörder ist, sehen sie auch am Anschnitt. Bilder mächtiger Personen werden immer über Eck angeschnitten, Übeltäter, irrlichternde Diktatoren und andere Kanalwandler hingegen an gegenüberliegenden Seiten.

Es gibt noch inhaltliche Umfeld–Bild-Beziehungen, manchmal sehr skurriler bis blöder Natur, so wie bei dieser Bäckerblume. Die inhaltlich bedingten, kompositorischen Beziehungen ist eine Domäne, in der Sie beim bildnerischen Gestalten zu Hause sind und die ich deswegen mal überspringe. Was ich zeigen will ist, dass auch die Verhältnisse der Umfeld–Bild-Beziehungen weitgehend bekannt sind und das man hier auf die großen assoziativen Fähigkeiten von Betrachtern bauen kann, ohne die ja bekanntlich nichts geht. Damit ist also auch das lern- und lehrbar. Gestaltungselemente und ihr Umfeld stehen also immer in einer Wechselwirkung miteinander. Wechselwirkungen sind immer Beziehungen, womit wir zum letzten Gestaltungskriterium meiner kurzen Umreißungen kämen.

Jetzt sind wir über den Stand im Umfeld in eine weitere Gestaltungsqualität gekommen, nämlich dem Miteinander-in-Einklang-Bringen, dem Beziehungen-Schaffen mehrerer Gestaltungselemente. Denn als Designer haben wir es gottseidank mit weiteren Beziehungen als nur der von einem Gestaltungselement zu einem Umfeld zu tun. Ab hier wird Design auch spannend und macht Spaß. Zuerst aber zeige ich Ihnen instantmäßig die vielleicht etwas dröge erscheinende Gestaltungstheorie. Zunächst sind wir durch unsere Naturerfahrungen so gepolt, dass wir Reihen, z.B. Bildserien immer von links nach rechts, bzw. von oben nach unten betrachten. >Schuld< sind wieder unsere Naturerfahrungen, zum Beispiel die der Schwerkraft, wie sie schon Säuglinge anhand des fallenden Schnullers erleben. Das ist gestalterische Konditionierung, neben der es eine inhaltliche gibt.

Wie ich eben schon sagte, haben Betrachter ein erstaunlich assoziatives Vermögen, das darauf beruht, dass wir Menschen immer wieder versuchen, Zusammenhänge zwischen den Abbildungsgegenständen herzustellen. Wenn wir Menschen Zusammenhänge herstellen, dann vergleichen wir – was wieder ein qualitativer Prozess ist – und basteln

uns mitunter die Inhalte selbst zusammen. Je ähnlicher die Bildinhalte sind, desto geringer wird dabei der Spielraum des Betrachters. Interessanter ist es deshalb für ihn, wenn Sie Bilder kombinieren, die sowohl Trennendes als auch Gemeinsames haben.

Nun gibt es alle diese Beziehungen auch in der praktischen Anwendung, wie wir Ihnen gerne an einigen Beispielen zeigen möchten. Hier ein Beispiel aus dem illustrativen Bereich, dass sind Illustrationen, die meine Frau für die Versicherung Hannoversche Leben gemacht hat. Illustrationen haben den Vorteil, dass sie Dinge in Zusammenhang bringen können, die es normalerweise eben nicht sind. Dass lässt sich durch ungewöhnliche Perspektiven oder Farbgebungen noch verstärken.

Das die Betrachter Bildserien mühelos als Ganzes und als Einzelbild verstehen, liegt daran, dass Illustrationen stilistisch nicht allzu sehr an die bekannte Bilderwelt anknüpfen. Dafür müssen illustrative Bild–Bild-Beziehungen aber in anderer Hinsicht stärker an andere Sehgewohnheiten anknüpfen, den Prinzipien der Bildpositionierung etwa und vor allem der inhaltlichen Kohärenz.

   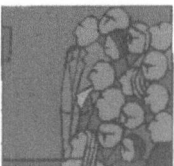

Neben der inhaltlichen Bild–Bild-Beziehung tritt die gestalterische, oft mit einem Spannungsbogen verknüpfte. Dazu bedarf es in der Regel lediglich weniger tragfähiger grafischer Elemente oder Ideen, die auf den meisten Bildern anzutreffen sind. Das finden Sie häufig in langen Artikelstrecken oder in Geschäftsberichten. Nehmen wir hier eine Broschüre zur Einführung des Smart, in der die Entwicklungsingenieure vorgestellt werden.

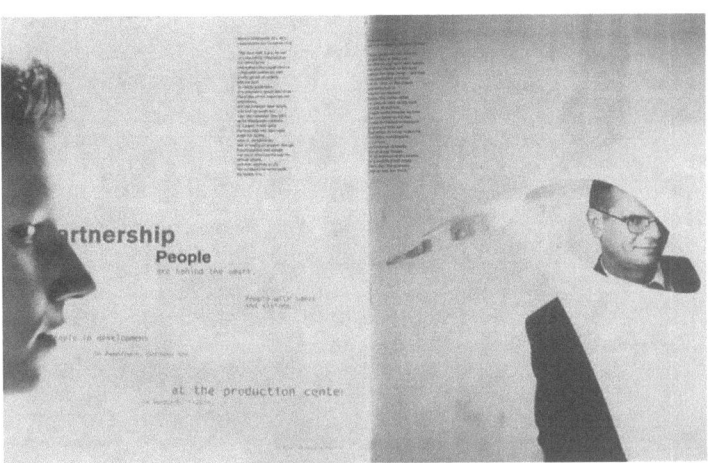

Der Artikel beginnt mit diesem Aufmacher, bei dem wir schön der Blickrichtung von links nach rechts folgen, sicherheitshalber noch durch eine Headline unterstrichen. Rechts sehen Sie das Hauptmotiv der Strecke, den Rahmen. Es ist eigentlich ganz klein – aber da wir immer zuerst auf die Augen sehen, fällt das gar nicht so auf.

Hier werden die Rahmen etwas präzisiert, zum einen durch das Fenster, zum anderen durch die Brille. Beide haben eine stilistische Ähnlichkeit und gleiche Reflexe.

Das Spiel mit der Brille geht weiter, weil der Rahmen und der Bildausschnitt nun Rundungen haben. Vor allem gibt es wieder eine Gemeinsamkeit auf beiden Seiten, weil die Bilder mit weißen Rahmen umgeben sind. Die Portraitfotos auf der rechten Seite ...

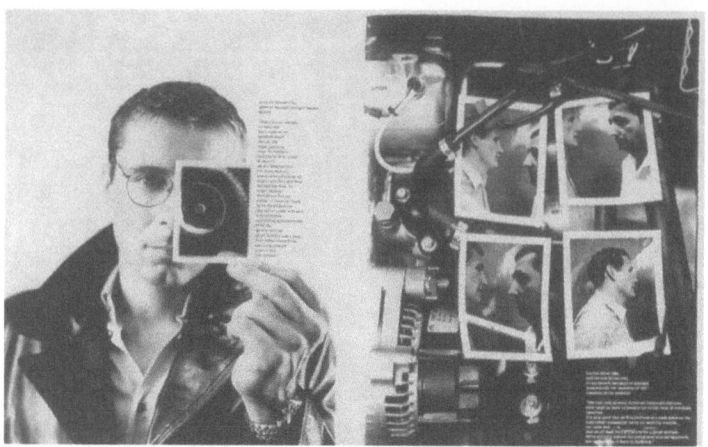

setzen sich auf der folgenden Doppelseite in ähnlicher Form fort, aber auch hier halten einige Jungs wieder Bilder in der Hand, die wie auf der vorhergehenden Doppelseite aussehen. Gut gemacht ist hier übrigens der Rhythmus, bei dem eher gewöhnliche und ungewöhnliche Portraits im Wechsel stehen.

Der nächste Wechsel geschieht zum einen durch das Querformat der Bilder, deren Gemeinsamkeiten außer der Formatlage aus der Darstellung von Gruppen- und Dialogsituationen besteht. Zum anderen kommt nun Text dazu, der auf der nächsten Seite endet. Die Serie läuft nun am unteren Ende aus. Ungewöhnlich ist, dass die Person unten rechts aus der Seite herausschaut, weil das normalerweise ein Zeichen dafür ist, dass die Serie weiterläuft – eine Art visuelles »Bitte umblättern« sozusagen.

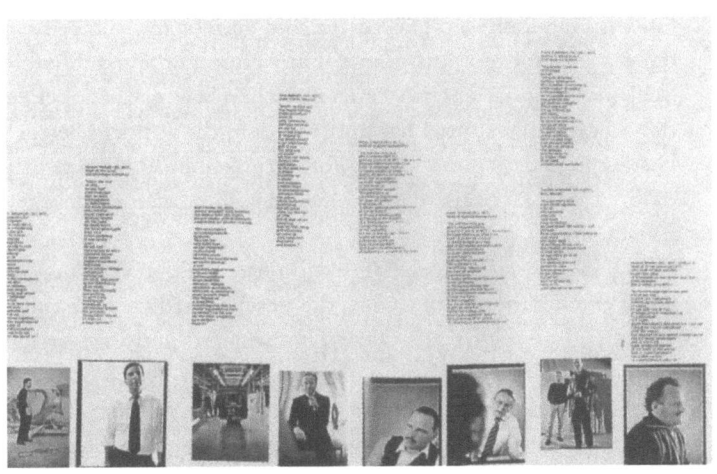

Zum Schluss sehen Sie meinen persönlichen Liebling unter den Bildserien, einen etwa zehn Jahre alten Beitrag der Zeit. Die Bildausschnitte auf dieser Seite sind von einer deutlichen Negation, wie sie im journalistischen Layout ausgesprochen selten sind. Gezeigt wird Wladimir Schirinowskij bei einem Mittagessen mit der amerikanischen Schriftstellerin Irene Dische. Die Fotos nehmen an Breite zu, und die Abbildungsgröße des (in den neunziger Jahren zärtlich ›Russen-Hitler‹ genannten) Protagonisten verändert sich in der Abfolge deutlich. Auf dem linken Bild wird Schirinowskij höchst despektierlich im Gesicht angeschnitten – schließlich hat er glasige Augen und weist er mit der pistolenartig-gestisch geformten Hand auf sich

selbst. Das nächste Foto zeigt den Mann hinter einer leeren Flasche und leerem Glas sowie einer unangenehmen, auf den Betrachter deutenden Handhaltung. Das dritte Bild spricht für sich selbst und hat daher den größten Ausschnitt. Foto Nummer vier schließlich zeigt Schirinowskij als ebenso egozentrischen wie eindringlichen Typen, der schon einiges intus hat und von dem die Autorin besser abrückt. Erstaunlich, dass diese kleine Fotoserie keine Bildunterschrift erhält, dafür aber Dachzeilen und eine Headline, die eindeutig auf der Flucht sind.

Diese kleine Fotoserie ›funktioniert‹ in ihrer Wirkung, wenn sie von Personen betrachtet wird, die gesellschaftlich und kulturell entsprechend geprägt sind. Diese Erfahrungen und ihre gestalterische Ausprägung lassen sich studieren und lehren, das ist keine besondere Hürde. Mit den gezeigten Beispielen sind wir mitten in die Komposition und mitten in das Layouten geraten, denn bei beidem kommen alle drei Gestaltungskriterien zusammen: Die Qualität, das Umfeld und die Beziehungen der Elemente. Wegen der Möglichkeit des Verquickens dieser drei formalen und inhaltlichen Kriterien bin ich übrigens mit Begeisterung Layouter und Bilderverwender.

Das alles war jetzt nur ein sehr kleiner Ausschnitt aus der Bildgestaltung, der zeigen soll, wie die Vermittlung von Gestaltungsgrundlagen immer auch angewandte Praxis sein kann und meines Dafürhaltens nach auch sein soll. Dabei gibt es natürlich noch weitere didaktische Annäherungen an die Gestaltungsgrundlagen als Punkt–Linie–Fläche. Es geht ja auch nicht um die Methode, sondern darum, dass Kreativität auf Regeln und die Wahrnehmung durch Betrachter angewiesen ist. In diesem Sinne ist kreativ eben relativ.

Kurzbiografie Andreas Maxbauer

Jahrgang 1959.
Ausbildung zum Schauwerbegestalter.
Grafik Design-Studium an der Fachhochschule Hannover.
Grafik Designer mit Schwerpunkten Konzeption, Corporate Design, Broschüren- und Zeitschriftengestaltung.
Zusammen mit Regina Maxbauer Leitung des Designbüros Maxbauer & Maxbauer.
Fachautor für Typografie und Design.
Lehrbeauftragter für Corporate Design sowie für Konzeptionslehre in Hannover.
Vorsitzender des Forum Typografie.

Email: andreas@maxbauer.com

Regina Maxbauer

Mehr als »Mal Sehen!«

Bestimmt sehe ich ganz praktisch aus. Deshalb leite ich Theorien am liebsten aus der Praxis ab und experimentiere selten umgekehrt. Als die Anfrage an uns gerichtet wurde, zu schauen, ob wir etwas zum heutigen Thema beitragen könnten, fiel mir ein starkes Erlebnis ein, das ich erst jetzt in einen allgemeinen Kontext stellen kann.

Zum damaligen Zeitpunkt konnte ich das weder formulieren noch vermitteln. Ich habe seinerzeit an der Kunstschule Alsterdamm in Hamburg studiert, mein Dozent für freies Zeichnen war Lothar Walter. Unsere Zeichnungen entstanden im Hamburger Hafen, vom Michel herunter oder am Fuße von entkleideten Menschen, die auf Tischen lagerten. Es gab keine anatomischen Lehrstunden; Anleitung ergab sich aus den abschließenden gemeinsamen Besprechungen der an die Wand gepinnten Arbeiten. Die Kritik des Dozenten war nie verletzend, sondern eher aufbauend. Wir zeichneten fröhlich drauflos und jeder fühlte sich begabt. Und doch war sehr schnell ein Unterschied zu beobachten. Die Arbeiten einiger weniger Studenten sahen immer insgesamt besser, ja – fertiger aus! Schrecklich! Diese Leute waren in der Lage, ihre Zeichnungen so auf das Papier zu setzen, dass es irgendwie schon wie ein Bild aussah, das man genau so hätte rahmen können, wie es im Format stand. Ich litt furchtbar darunter, dass ich immer nur Skizzen machen konnte, während einige andere Leute richtige fertige Bilder zustande brachten. Wenn ich zeichnete, waren die aufs Papier zu bringenden Personen oder Dinge immer sie selbst. Und ich gab sie stets so wieder, wie ich sie kannte und wie ich die Dinge in ihrer Funktion verstehen konnte.

Das änderte sich, als mir meine erste ›visuelle Offenbarung‹ zuteil wurde. Wir zeichneten in der LiLaLe (Kunsthochschule Hamburg, LiLa Lerchenfeld) einen auf Tische platzierten, übereinander getürmten Haufen Stühle. Ich betrachtete intensiv die negativen Räume, die sich durch die überschneidenden Holzbeine ergaben, um sie in den richtigen Proportionen wiedergeben zu können. Plötzlich löste sich vor meinen Augen der bis hierher untrennbare Bezug zum bekannten Möbelstück und ich erkannte den Zwischenraum als eigenständige Form. Und diese Form war kein Ding, das mir schon mal begegnet war. Ich war wie elektrisiert. – Und ich sah nicht mehr nur Stuhlbeine, ihre Schatten und Überschneidungen. Stachelige Stäbe hatten sich auf dem Tisch zusammengerottet und hatten eine eigene kraftvolle Aussage durch diese kompakte Form. Sie erhoben sich in beredter Aggressivität und reckten ihre fingerlose Arme.

Doch nicht nur die Zwischenräume, sondern auch den Raum, der das stakelige Gebilde umgab, verstand ich im nächsten Moment als selbstständige, eigene Form. Und weiter – ich nahm die Atmosphäre des Raumes wahr. So wie ein Alarm den nächsten auslöst, wusste ich in diesem Moment, was Abstraktion bedeutet. Es war in meinem Kopf, als ob eine Wundertüte nach der anderen platzte und ihre Weisheiten ausschüttete. Das war einfach genial! Später bei der U-Bahnfahrt nach Hause bogen sich mir die herunterhängenden Halteschlaufen in verzerrter Vergrößerung in vorher nie so gesehener extremer Dynamik entgegen.

Ich hatte die Relativität der Realität für mich entdeckt. Und ich merkte, dass sich die – mit meinen Augen eingefangenen – Eindrücke nicht mehr zwangsläufig und automatisch all dem gespeicherten Kram meiner Erinnerungsschubladen zuordneten. Und ich hatte die Form entdeckt, die keine Abbildung eines Dinges sein muss, sondern die um ihrer selbst willen da ist und die richtig und wichtig ist. Was will ich damit sagen? Ich war auf dem Weg, nicht mehr rein reflexhaft, nicht mehr reflektionsgebunden also, sehen zu müssen. Ich wurde fähig, selbst zu entscheiden, was ich wie sehen wollte. Ich möchte noch mal kurz die Reihenfolge verdeutlichen.

1. *Wahrnehmung der einzelnen Form (innerhalb der Form des Objektes).*

2. *Erkennen der Gesamtform (die auch aus verschiedenen Objekten bestehen kann).*

3. *Wahrnehmung des Raumes, der Raumformen die das Dargestellte umgeben.*

4. *Erspüren der Gesamtwirkung des Raumes mit dem Objekt darin.*

5. *Umsetzung und Verallgemeinerung auf andere Darstellungen und Erscheinungen des beobachteten Umfeldes.*

Wenn wir mit architektonischem Blick die Wände durchdringen könnten, hätten wir sicher noch weitere Zwischenstufen nach dem vierten Punkt, aber Sie verstehen, dass der nächste Schritt jeweils zum Zusammenhang im übergeordneten Bezugsfeld führt: Die Vernetzung ist offensichtlich (ein schönes Wort), und das wertfrei. Denn nichts steht für sich, ist nur aus sich und ohne alles andere.

Wie jemand das begreift, ist im Prinzip unerheblich. Selbst gewonnene Einsichten sind emotional stärker, bleiben dadurch länger haften, haben einfach mehr Kraft. Als Lehrender kann man sachte begleitend dahinführen. Man kann natürlich Aufgaben stellen, an denen ein Student scheitern muss. Wenn man Studenten im Anschluss zu einer analytischen Auswertung führen kann, ist ein Scheitern oft hilfreicher als ein kontinuierlicher Erfolgsweg.

Ich gab einer 20jährigen Abiturientin das Papier mit der Auflistung der Thematik der heutigen Symposions. Sie sagte aufgebracht »Wenn ich höre: Regeln und Gesetzmäßigkeiten, die in einem Atemzug mit Gestaltung genannt werden, dann kriege ich Angst. Ich will keine Regeln, die würgen mich, die erschlagen meine Motivation und meine Möglichkeiten, auch nur irgendetwas zu gestalten. Ich bin so unsicher, ob ich überhaupt kreativ sein kann, was soll ich da mit Regeln?« Ich habe sie nur schweigend angesehen und erwartungsvoll gelächelt. Sie sagte weiter: »Nun gut, Gesetze sind nicht nur schlecht, das weiß ich auch. Aber die spontane Reaktion ist erstmal, ich mach' mich dicht.«

Es war in einem Aktzeichenkurs, alle Teilnehmer hatten sich mit Materialien bewaffnet. Eine Studentin holte ihren eigenen kleinen DIN-A5-Block heraus. Ich sagte ihr, dass sie die bereitliegenden Materialien nutzen könnte. Sie lehnte dankend ab. »Das ist mein Lieblingsblock, der ist so schön handlich, da mach´ ich immer meine Skizzen drauf.« Sie begann zu arbeiten. Acht Minuten später stand sie stirnrunzelnd auf, um sich eine Unterlage und einen A4-Bogen zu holen. Nach weiteren fünf Minuten wechselte sie noch einmal auf ein größeres Format. Sie wirkte etwas ärgerlich, ihr Rücken und Räumen brachte einige Unruhe in die Gruppe.

Ich schaute genauer hin, wie sie zeichnete, sie begann stets mit dem Kopf, den sie nur andeutete und arbeitete sich über den Torso zu den Armen und Beinen vor, die regelmäßig keinen Platz mehr fanden auf dem Papier. Was soll ich Ihnen erzählen? Sie blieb nicht bei DIN A3. Sie war erst zufrieden und gelöst, nachdem sie sich eine Riesenstaffelei aufgestellt hatte und auf dem größtmöglichen Papierbogen mit raschen, weit ausholenden Bewegungen ihre Zeichnungen machen konnte. Hier passten die Füße und Arme je nach Stellung des Modells genau so wenig drauf wie vorher, aber die Studentin blieb auch die folgenden zwei Tage des Kurses an der Staffelei. Und sie machte einen ganzen Stapel von lockeren schwungvollen, richtig guten Zeichnungen.

Hier waren es die ganzkörperlich erlebten Bewegungen beim Aktzeichnen, die die geschaute Form auf das Subjektivste zu realisieren halfen. Dabei war die Bildwirkung im Format zunächst von untergeordneter Bedeutung. Hier ging es um die Dynamik, den Ausdruck des Geschauten. Das war eine Art von Qualität, weil kein Kalkül Beschneidung verlangte. Und doch – später, wenn die Studentin vielleicht eine Ausstellung vorbereitet, wird sie sich damit auseinandersetzen müssen, wie ihre Arbeiten im Raum oder in einem Rahmen wirken.

Nicht immer nehmen Gestalter sich die Zeit, die Statik einer Bildwirkung auszuloten. Die in der Vorstellung vorgenommene Vereinzelung der vorhandenen benutzten Elemente erlaubt einen raschen Vergleich ihrer Proportionen. Ausgleichende oder Spannung erzeugende Veränderungen wollen geübt sein. Jemand anders hat vielleicht eine ganz andere Empfindung, die ausgelöst wurde durch seine eigenen Wiedererkennungsfaktoren. Und doch haben Gestaltung und Wirkung eines Bildes nichts mit Geschmack zu tun.

Immer hat es auch mit einer Qualität zu tun, die den ihr adäquaten Adressaten anspricht – oder soll ich sagen: ihn anschreit? – ihm und keinem anderen ins Hirn fährt, ihn schockiert, provoziert, berührt, ihn so gewinnend beruhigt, dass er gar nicht mehr weggucken kann! Bildqualität im Sinne von »Betroffenheit auslösen« oder »Erheitern« etc. sind innere Aussagen, die durch Parameter erreicht werden wie »beteiligt sein«, »die eigene Wahrheit formulieren«, »Emotionen transportieren« und »Zielgruppe direkt erwischen«. Auf der einen Seite muss vom Darstellenden eine Identifikation stattgefunden haben mit dem Objekt, auf der anderen Seite funktioniert das Andocken des jeweiligen Betrachters über seine spezifische Identifikationsfähigkeit.

Das auszuloten würde einen eigenen Tag fordern. Aber es ist nicht außerhalb des angeschnittenen Themas zu betrachten, es gehört mitten hinein. Was man heute gestalterisch anbietet, das ist immer wieder viel freier Raum, wenn das Budget es zulässt. Seiten in laufender Dokumentation, auf der nur eine einzige Zeile für Aufregung sorgt – das war zu Beginn der Buchkunst undenkbar. Auch alte Gemälde präsentieren nicht das Ausmaß an Leere, das wir unseren Kunden auf unseren Entwürfen heute guten Gewissens anbieten. So ändern sich die Ausdrucksformen im Wandel der Kultur und der Schwindel erregenden Aufforstung der Technik.

Heute ist der manuelle Weg eher die Ausnahme. Viele Ideen werden von Anfang an realisiert im begrenzten, querformatigen Rahmen der Bildschirme. In unseren Seminaren erleben wir jedoch oft, dass durch eine gute manuelle Vorbereitung – sprich: Scribbeln, bis eine Idee erkennbar ist – eine höhere Gestaltungsqualität erreicht werden kann. Das hängt durchaus auch damit zusammen, dass jemand sich leichter von einem schlechten Entwurf trennen kann, wenn er noch nicht so viel Zeit damit zugebracht hat, ihn auf dem Monitor technisch zu verfeinern.

Kurzbiografie Regina Maxbauer
Jahrgang 1946
Grafik Design-Studium an der Alsterdammschule Hamburg und der HBK Braunschweig.
Langjährige Tätigkeit in Werbeagenturen und -abteilungen.
Grafik Designerin mit den Schwerpunkten Konzeption, Corporate Design, Broschürengestaltung und Illustration.
Zusammen mit Andreas Maxbauer Leitung des Designbüros Maxbauer & Maxbauer, Fachautorin für Design.
Dozentin für Gestaltungsgrundlagen sowie für Präsentationstechniken.

Email: regina@maxbauer.com

Lienhard von Monkiewitsch

Gibt es Regeln für die Bildgestaltung?

Als ich 1963/64 mein Studium der Kunstpädagogik und später der Freien Malerei begann, war in den Malklassen ein allgemeiner Hang zu lyrischen Abstraktionen festzustellen, man erlebte aber auch bei manchen Studenten noch letzte Zuckungen des abstrakten Expressionismus. Auch ich startete nach einer mehr am Naturstudium orientierten Grundlehre dynamisch mit Action-painting, war dabei aber meist recht unglücklich, da ich nie wusste, wann das Bild als ›fertig‹ bezeichnet werden konnte, zumal mein Lehrer Alfred Winter-Rust auch einmal nichts zu einem Bild sagte und erst am nächsten Tag meinte, gestern sei es besser gewesen. Ich hätte damals des Rates bedurft, mir einen zeitlichen Rahmen zu setzen und z. B. exakt nach acht Stunden den Malprozess und damit das Bild zu beenden.

Aber allmählich begann ich, meine Bildgedanken besser zu kontrollieren, die Hinwendung zur zeitgemäßen Pop-art half mir dabei. Und auch mit ihr war ich nicht wirklich ›glücklich‹, ich stand nicht

www.hbk-bs.de/stolpersteine/lvm02.jpg
Heller Flur, 1971.
Farbstift auf Karton, 73 x 95 cm

zweifelsfrei hinter den nun in meine Bilder tretenden Bildmotiven wie Rennfahrer, Fahrrad- oder Motorradfahrer, Staubsauger oder irgendwelchen röhrenartig verfremdeten Figurenfragmenten. Am Ende meines Studiums sah ich mich all diese Motive aus dem Bild hinausstellen, was übrig blieb, war der leere, perspektivisch durchkonstruierte Innenraum. Ein Stipendium für einen einjährigen Parisaufenthalt half mir, diese mir radikal erscheinende Entscheidung zu überdenken und dann bildnerisch umzusetzen. Es entstanden jene Fußboden- und Fußleistenbilder, mit denen ich zu Beginn der siebziger Jahre auf dem Kunstmarkt bekannt wurde. Ich hatte nun auch noch die Wände fortgelassen. In einem Katalogtext schrieb ich

www.hbk-bs.de/stolpersteine/lvm04.jpg
Zwei Räume, 1970.
Öl und Kunstharz auf Hartfaser (zerstört)

Grelles Licht, 1971.
Farbstift auf Karton, 73 × 100 cm

damals zu diesen wandlosen Räumen: »Wieviel muß ich von einem Raum darstellen, daß er Raum ist? Man braucht nur einen Teil, um das Ganze zu sehen. Der Boden ist Ausgangsform für einen Seh-Denk-Vorgang. Raum entsteht und löst sich wieder in der Fläche auf ... Je mehr Informationen das Vorhandene über sich gibt, desto detaillierter wird das Nichtvorhandene gedacht.«

Diese Raumzeichnungen und Bilder hielten mich enorm in Spannung, zumal ich nach jedem geschaffenen Werk die Hoffnung hatte, mit dem nächsten erst wirklich zum überzeugenden Ergebnis zu kommen. Für mich war das ein Idealzustand. 1972 kam ich mit einem Lehrauftrag an die HfBK Braunschweig. Es war eine Zeit, in

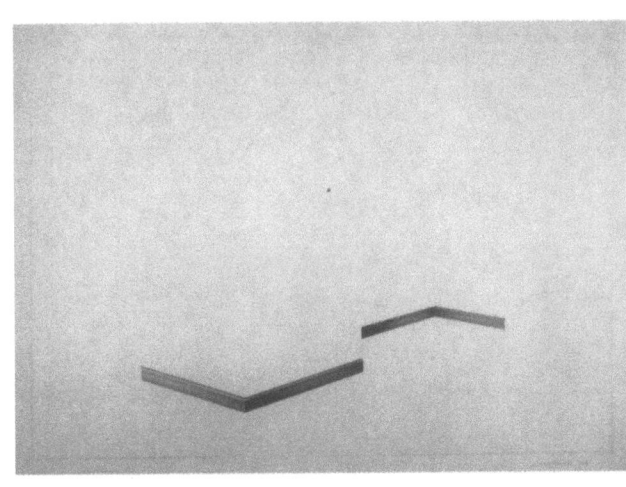

Sechs Wände, 1972.
Farbstift auf Karton, 73 × 98 cm

www.hbk-bs.de/stolpersteine/lvm05.jpg
P. K., 1974.
Kohle auf Karton, 12 Blätter, je 31 x 31 cm

der die Studenten eher die marxistische Literatur studierten als sich künstlerisch zu erproben. Man musste ja erst einmal herausfinden, für wen man künstlerisch schaffte. Kaum jemand malte, und ich sollte da Abhilfe schaffen.

Aber es kam ganz anders. Die Studenten nahmen mich mächtig in die Mangel und machten mich schließlich glauben, dass ich der typische Kunstmarktkünstler sei, der sein Markenzeichen produziere, um so Erfolg zu haben. Den hatte ich in der Tat, und ich irritierte 1973 meine Sammler und Galeristen damit, dass ich abrupt meine Raumdarstellungen beendete und damit begann, noch einmal ganz von vorn zu suchen. Es entstand eine ganze Reihe figürlicher Bilder, oft meine Frau und Hommagen z. B. an Paul Klee, Picasso, Cy Twom-

www.hbk-bs.de/stolpersteine/lvm06.jpg
Picasso, 1974.
Pastell und Farbstift auf Karton, 120 x 157 cm

www.hbk-bs.de/stolpersteine/lvm07.jpg
Gebäude-Torso II (dreiteilig), 1979.
Erde auf Leinwand, 400 × 520 cm

bly oder Monet. Der abgebildete Mensch stand im Mittelpunkt, ganz, wie es die politisch die Hochschule dominierenden Professoren und Studenten forderten, aber nicht der ›richtige‹ Mensch. Da wäre ein Arbeiter oder eine Raumpflegerin schon genehmer gewesen, wie sie nun, als man wieder zaghaft zu malen begann, in den Malateliers auftauchten, Menschen mit dem visionären Leuchten im Blick auf eine gerechtere Zukunft.

Doch mit jedem neuen Bild, das ich malte, wuchs mein Widerstand gegen die selbstverordneten Übungen, bis ich endlich erneut die Figuren aus meinen Bildern entließ und mich verstärkt den sich immer wichtiger ins Bild drängenden Architekturen zuwandte. Während meines Villa-Massimo-Aufenthaltes entstanden nun als

www.hbk-bs.de/stolpersteine/lvm08.jpg
Fragment I (dreiteilig), 1980.
Sand auf Leinwand, 320 × 500 cm

Reflex auf die ›bröckelnde‹ und doch monumentale Stadt Rom zwölf Gebäudefragmente, große Cut-out-Gemälde, die leicht in einen imaginären Bildraum – die weiße Wand – abkippten. Sie waren mit fein gesiebten Erden aus der Umgebung von Rom gemalt. Michael Schwarz verglich sie damals in seinem Katalog »Menschenleere Räume« mit dem Untergang der Titanic. Vorherrschend war die raumsuggerierende Anwendung der Perspektive, aber scheinbar plastische Wände erwiesen sich als flache Bilder, unten radikal abgeschnitten. Isolierte, auf der weißen Wand schwebende Architekturtorsi suchten ihren Ort im Kopf des Betrachters.

Seit 1982 begann ich dann, mit Systemen zu arbeiten, mit flächigen Quadraten und Dreiecken, die ich einem Grundraster zuordnete und anschließend wieder räumlich umdeutete. Die flächigen Ausgangsfiguren aber entwickelten in mir eine immer stärkere Magie, so dass ich dann ab 1985 alle perspektivischen, Raum illusionierenden Darstellungsmittel aufgab, zumal ich durch einen speziellen Auftrag von schwarzem Pigment auf feuchte Ölfarbe die saugende Raumwirkung dieses ungemein tiefen Schwarzes entdeckt hatte. Auch entstand Raum durch die ambivalente Empfindung des Schwarzes als vor der Fläche schwebend oder in die Unendlichkeit abgleitend.

Zwei Systeme verhalfen mir hier zu einer Fülle von mich interessierenden Formfiguren: »Zwei Schnitte in das suprematistische Rechteck« und »Zwei Schnitte in das suprematistische Quadrat«. Diese Titel klingen ein wenig despektierlich und lassen einen Vatermord an Malewitsch vermuten. Mir ging es aber mehr um einen Hinweis auf die Tradition, der ich mich nun verpflichtet fühlte. Die Formenkonstellationen dieser Serien interessierten mich besonders

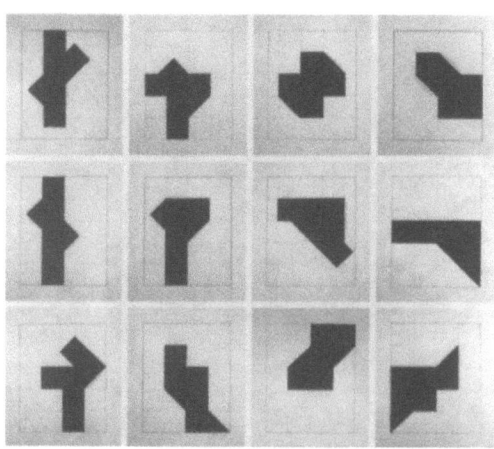

www.hbk-bs.de/stolpersteine/lvm10.jpg
aus: 6teiliges Rechteck, 1983.
Öl auf Karton, je 20 × 16 cm

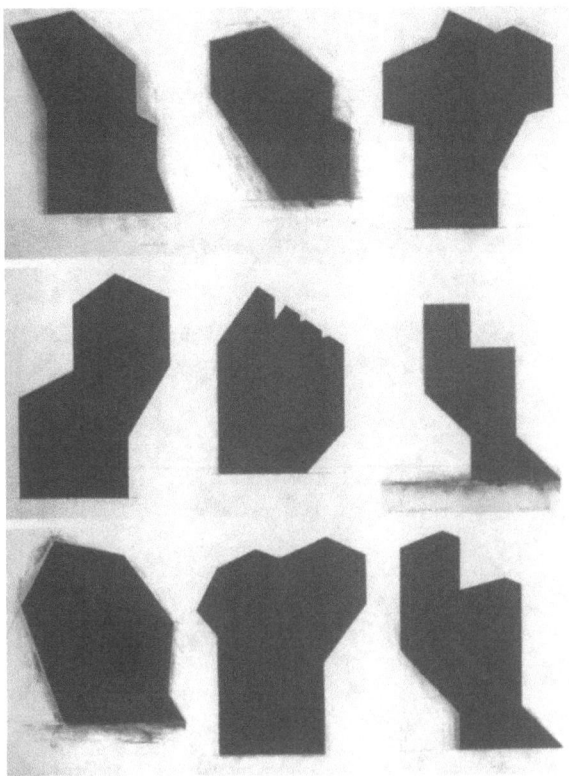

www.hbk-bs.de/stolpersteine/lvm09.jpg
Raumveränderungen, 1983.
Öl und Pigment auf Karton, je 100 × 70 cm

deswegen, weil Auge und Gehirn unermüdlich damit beschäftigt sind, von der bizarren Umrisslinie ausgehend auf Raumsituationen zu schließen, und meinen, gegeneinander gesetzte Flächen unterschiedlicher Raumrichtungen ausmachen zu können. Hier tritt mein ursprünglicher Ansatz, über die Form einen Seh-Denk-Vorgang einzuleiten, wieder hervor. Übrigens hat der Findungsprozess für diese beiden Serien, das Probieren unterschiedlichster Schnitte, lange Zeit in Anspruch genommen. Es gibt gar eine Serie von über 200 Blättern, die ich schließlich doch verworfen habe, da sie mich zu langweilen begann. Auch waren in ihr unzählige Formvariationen möglich, was mir nicht gefiel, denn ich wollte die Serie überschaubarer, greifbarer haben.

Bei einer der Serien, für die ich mich entschieden hatte, gibt es 206 Konstellationen, die einer mir selbst verordneten Regel entsprechen. Alle Figuren bestehen hier aus drei Formen, einem Par-

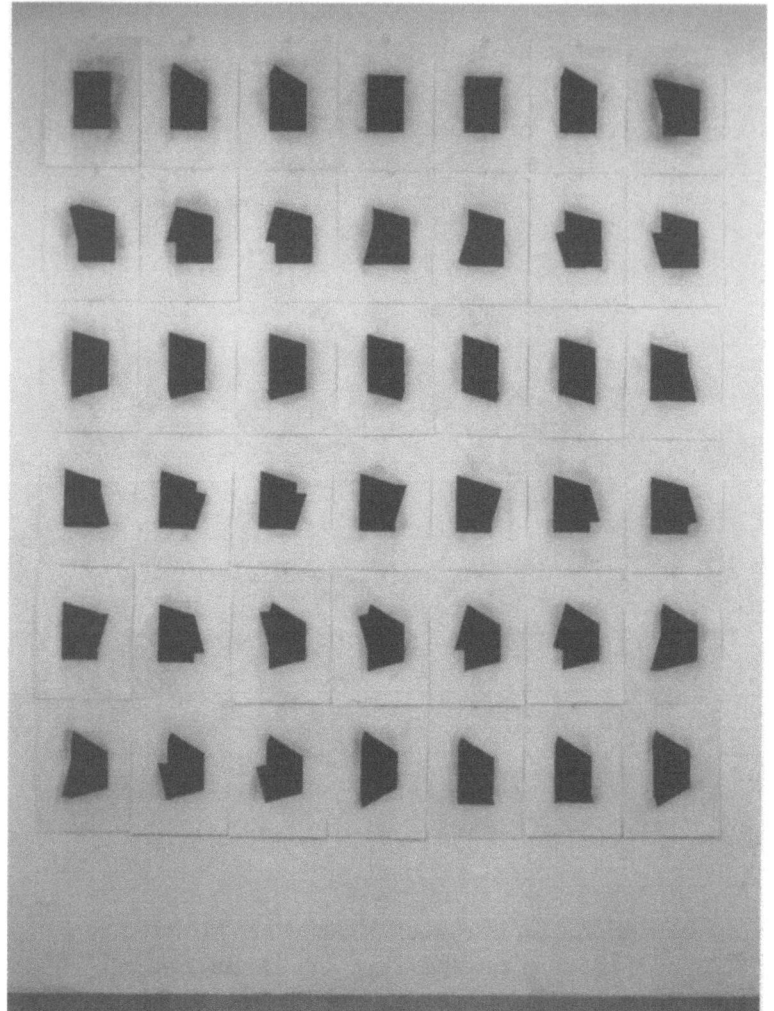

Zwei Schnitte in das suprematistische Rechteck, 42 Blätter einer 206 Blätter umfassenden Serie, 1985. Öl und Pigment auf Fabriano, je 33 x 24 cm

allelogramm und zwei schlanken Dreiecken, die zusammengefügt das Ausgangsrechteck ergeben. Häufig sind bei diesen Figuren die Schnitte gedanklich nur schwer nachvollziehbar, da Auge und Gehirn neue Logiken zu entdecken meinen. Oft habe ich mich nur mit Hilfe des Zufalls für die Umsetzung einer auf dem Blatt fixierten Form zu einem Betonrelief entscheiden können, habe irgendwo den Stoß der Blätter angehoben – und das war es. Ich mochte die einzelnen ›Individuen‹ nicht ästhetisch bewerten, alle hatten die gleichen Ingredienzen und waren gleichwertig in ihrer Bedeutung für die vorige oder die folgende logisch der Regel folgenden Variante. Ich hielt

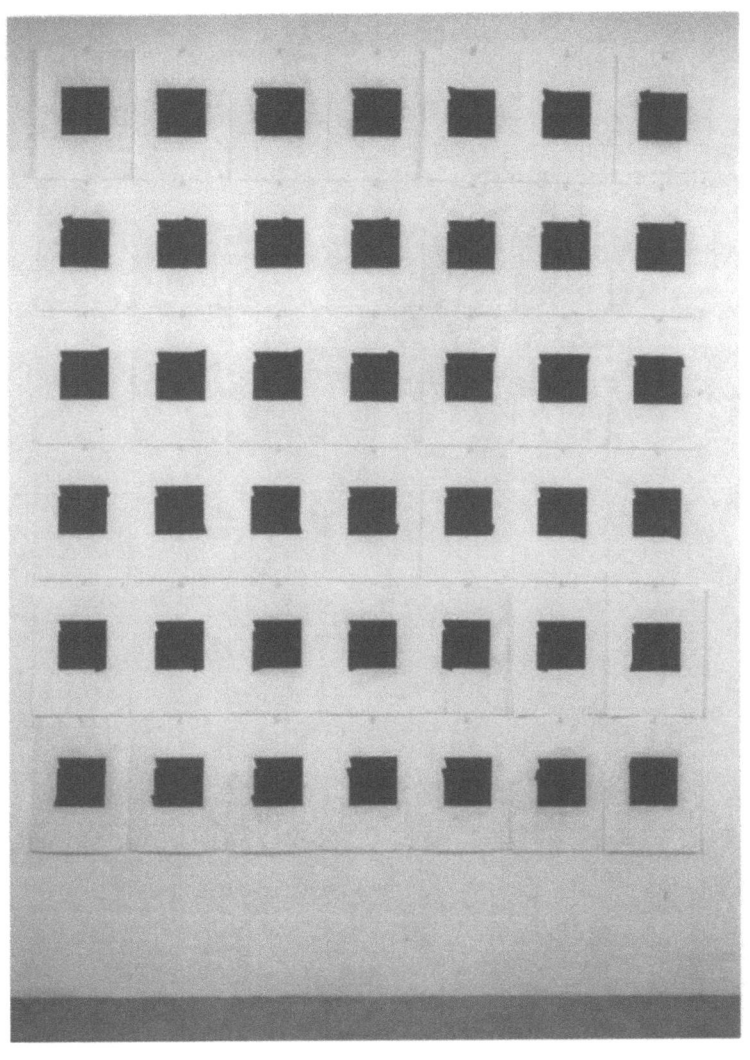

www.hbk-bs.de/stolpersteine/lvm14.jpg
Zwei Schnitte in das suprematistische Quadrat, Serie (unvollendet), 1986.
Öl und Pigment auf Karton, je 33 × 24 cm

das für ein ›gerechtes‹ Beurteilungsverfahren, vergleichbar der Beurteilung von Menschen nach ihrer äußerlichen Erscheinung, die ja alle vor dem Gesetz gleich sind, ähnliche ›Zutaten‹ erhalten haben und allein durch die Willkür sich ständig wandelnder ästhetischer, rassischer oder leistungsbezogener Kriterien in bessere oder schlechtere, schönere oder hässlichere Vertreter der Spezies Homo sapiens eingeordnet werden. Richtig kann das nicht sein, aber so funktionierte die Welt schon immer, wir machen alle mit. Durch die Verwendung des Zufalls als Auswahlkriterium konnte ich diesem ewigen Lauf der Dinge ein bescheidenes Schnippchen schlagen.

www.hbk-bs.de/stolpersteine/lvm12.jpg
Zwei Schnitte in das suprematistische Rechteck, 1993.
Samt und Acryl auf Beton, 39 x 40,5 x 14 cm

www.hbk-bs.de/stolpersteine/lvm13.jpg
Zwei Schnitte in das suprematistische Quadrat, 1986/87.
Öl und Pigment auf Apfelbaumholz, 39 x 34 x 14 cm

Um 1990 führten mich spielerische Versuche mit den Fibonacci-Zahlen zu einer neuen Serie von Arbeiten auf Papier und auf Leinwand. Ich suchte für den Stand einer schwarzen Fläche im Bildformat ein anderes Kriterium als das des Gefühls und stieß dabei auf die Verwendung dieser klugen Zahlenreihe (0, 1.1, 2.3, 5, 8, 13, 21, 34, 55...), bei der jeweils zwei aufeinander folgende Zahlen, beginnend bei 3.5 und in Richtung Unendlich immer genauer werdend, fast exakt im Verhältnis des goldenen Schnittes zueinander stehen. Ich hatte schließlich herausgefunden, dass bei der Verwendung von sechs aufeinander folgenden Fibonacci-Zahlen (z. B. 5, 8, 13, 21, 34, 55), wobei die beiden größeren das Format und die 4 weiteren die Randabstände festlegten, die verbleibende Restform, das »schwarze Loch«, bei bestimmtem

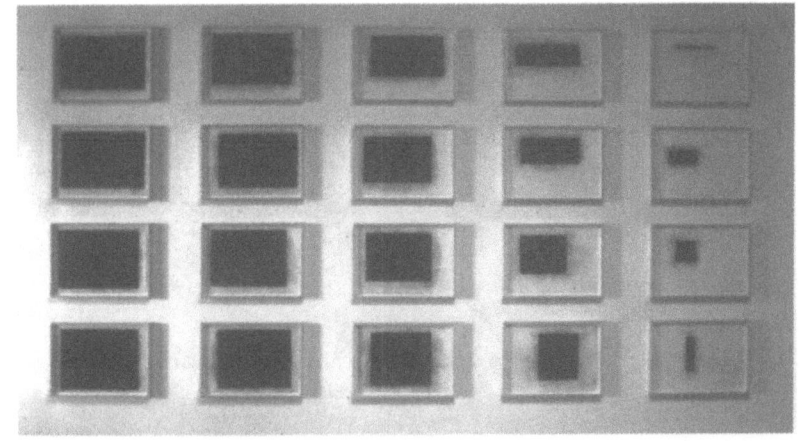

Einsatz der Reihenfolge der Zahlen ein exaktes Quadrat ergab. Ich entdeckte also mein eigenes Quadrat und musste es seither nicht mehr von Malewitsch ›ausleihen‹.

Diese Fibonacci-Bilder folgen in ihrem Aufbau festgelegten Regeln, alle Möglichkeiten des Einsatzes der Zahlen und des Flächenverlaufes wurden ausgelotet, was eine Serie von 88 unterschiedlichen Flächenkompositionen ergab. Oder sollte ich besser Flächenkonstruktionen sagen, da doch das gefühlsmäßige, emotionale Element fehlte? Ein langjähriger kritischer Beobachter meines Werkes, Walter Vitt, ist dieser Meinung, und ich habe mich bei der Titelgebung ihm angeschlossen, bin mir aber heute nicht mehr so sicher, da ja durch die Farben und besonders durch den duffen Auftrag des schwarzen Pigmentes stark emotionale Momente entstehen und einer rein rationalen Sichtweise der Bilder widersprechen.

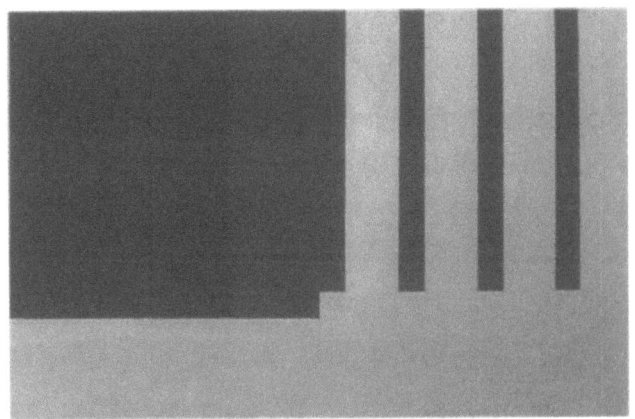

www.hbk-bs.de/stolpersteine/lvm20.jpg
aus: *Vier Geraden, ein Quadrat*, 1990.
Öl und Pigment auf Karton, 20 x 30 cm

Zur Farbe ist mir wichtig zu wissen, dass ich sie immer mit einer zweiten Person zusammen fand, meist mit meiner Frau, aber auch mit meinen Kindern und mit Freunden. Die Regel war, dass beide unabhängig voneinander eine Farbe ermischen sollten, die sich auf den jeweiligen Ort, an dem man sich befand, beziehen sollte. Ich wollte erreichen, dass der sogenannte Farbklang nicht unter Gesichtspunkten des Farbgeschmacks beurteilt wurde, sondern frei von mir als freier Farbklang empfunden werden konnte. Auch wollte ich mit jedem neuen Werk selbst überrascht werden.

Meine Werke erkunden generell die Erscheinungsmöglichkeiten des Räumlichen, aber auch sind sie mit der Frage beschäftigt, wo die interessantesten von ihnen entspringen, aus dem Gefühl, dem Bauch, dem Unterbewussten, oder aus zufälligen Konstellationen, dem klei-

www.hbk-bs.de/stolpersteine/lvm19.jpg
aus: *Vier Geraden, ein Quadrat*, 1990.
Öl und Pigment auf Karton, 20 x 30 cm

www.hbk-bs.de/stolpersteine/lvm16.jpg
l.: *Der Architektur verpflichtet*, r.: *Jeder Ort hat sein Schicksal*; aus: *Vier Geraden, ein Quadrat*, 1990.
Öl und Pigment auf Leinwand, je 180 × 270 cm

nen Chaos, dem Unkontrollierten oder aus der Konstruktion, der nachvollziehbaren Regel, der rationalen Überlegung? Eine eindeutige Antwort kann ich bis heute noch nicht geben.

Der Zufall spielte ja schon bei der Auswahl der Formengebilde in den Serien der zwei Schnitte in das suprematistische Rechteck und des Quadrats eine wichtige Rolle und auch bei der Findung der Farben in der Fibonacci-Serie. Aber parallel zu ihr begann ich eine sich bis heute immer weiter fortentwickelnde Serie von Zufallswürfen, wobei drei aus Pappe geschnittene Formen, ein Quadrat, ein Parallelogramm und ein schlankes Rechteck (im Grunde zwei Quadrate, bei denen dem einen zwei schlanke Dreiecke abgeschnitten wurden, die sich zu dem Rechteck fügen lassen) von mir mit geschlossenen

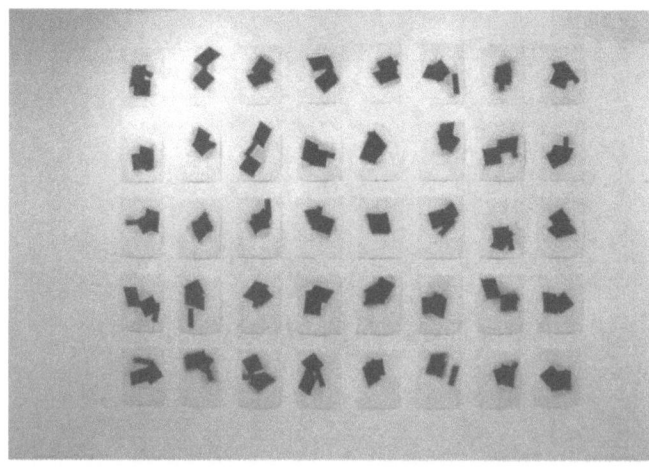

www.hbk-bs.de/stolpersteine/lvm15.jpg
Zufallswürfe, 40 Zeichnungen, 1987–88.
Öl und Pigment auf Papier, je 33 × 24 cm

www.hbk-bs.de/stolpersteine/lvm17.jpg
Komposition mit dem Zufall vom 28.1.1994, 1994.
Dispersion, Öl und Pigment auf Leinwand, 141 × 120 cm

Augen in das gewählte Format geworfen wurden und ohne Korrektur akzeptiert werden mussten. Viele dieser Bildkompositionen wurden von Freunden geworfen, bei den z.T. riesigen Dimensionen zunächst in ein maßstäblich verkleinertes Format, das ich anschließend auf den Millimeter genau vergrößerte. Eine Galeristin aus New York, der ich die drei Formen per Fax zuschickte und die sie ausschneiden und unter Kontrolle einer weiteren Person in ein bestimmtes Format werfen sollte, war mit ihrem Wurf formal so unglücklich, dass sie mich

www.hbk-bs.de/stolpersteine/lvm21.jpg

www.hbk-bs.de/stolpersteine/lvm24.jpg
aus der Serie 3 Quadrate, 1991.
Samt und Öl auf Beton, je 37,5 × 31 × 16 cm

um einen zweiten Versuch bat, was ich natürlich ablehnen musste, aber dazu führte, dass sie ihren ›hässlichen‹ Wurf am Ende doch erstaunlich gut fand, durch Akzeptanz und Gewöhnung.

Ich arbeite an mehreren Strängen von Bildkonzepten gleichzeitig, und so interessiert mich parallel zu anderen Phänomenen in den letzten Jahren auch besonders das der Transparenz. Die wird nicht kostbar mit spitzem Pinsel ermalt, sondern ist Ergebnis eines Farb- und Pigmentschichtungsprozesses, sachlich und logisch vorgetragen. Ich entdeckte dieses Phänomen zufällig, als ich Pigment über trockene Acrylflächen stäubte und dabei der oben liegende Staub von Auge und Gehirn als unter der Fläche befindlich gedeutet wurde, als durchstrahlendes tiefes Schwarz. Doch aus der Nähe blickend wird

www.hbk-bs.de/stolpersteine/lvm25.jpg

das getäuschte Auge enttäuscht, es nimmt die opake, stumpfe Farbe wahr, das oben aufliegende Pigment oder die dürftige Tischlerplatte, auf die gemalt wurde, also keine elegante Plexiglasplatte.

Enttäuschung oder Desillusionierung ist bei meiner Werkentwicklung ein durchgehendes Kriterium, bei den wandlosen Innenräumen ebenso wie bei den auf der weißen Wand schwebenden und im Kopf des Betrachters nach einem Standort suchenden Architekturtorsi, bei den Farbklängen, die frei vom Künstler bleiben, wie bei den Holz- und Betonreliefs, die restlos entmaterialisiert im Raum zu schweben scheinen, schwarze, bizarr geschnittene Unendlichkeit mit

Schatten auf der Wand, aber dann durch einen Blick auf ihre schräg verlaufenden Seiten ein Erschrecken vor der schnöden Materialität erzeugen, und auch die oft dynamisch und ›wunderbar‹ komponierten Zufallswürfe auch anderer Personen und schließlich die ›Transparenzen‹, die sich aus der Nähe besehen als simpler Schichtungsprozess erweisen, schwarzes Pigment über Öl, über Acryl auf Holz.

Im Moment spiele ich schon eine ganze Weile mit Fibonacci-Quadraten, füge sie zu Architekturfassaden und collagiere sie in fotografierte Architekturlandschaften. Sie sind dort fremd, werden aber durch die reale Umgebung von Auge und Gehirn als denk- und vorstellbar gehalten. Vielleicht werden sie Ausgangsüberlegungen für plastische Werke sein, kleinere oder auch begehbare, alles ist möglich. Einer spielerischen Findungsphase wird dann wieder eine Regeln offenbarende Serie folgen.

Gibt es Regeln für die Bildgestaltung?
Der Kunsthistoriker würde diese Frage wahrscheinlich mit »ja« beantworten. Er findet z.B. in Renaissance-Gemälden ausgeklügelte Kompositionsprinzipien, entdeckt fast in jeder Komposition den goldenen Schnitt, Farbanalytiker wie Johannes Itten sehen in Beispielen alter Buchmalerei oder bei El Greco bewusst eingesetzte Farbkontraste von leuchtend-trüb bis komplementär oder sukzessiv. Andere stellen die kunstvollen Personenbeziehungen in Figurenbildern eines Giotto, Piero della Francesca, Rembrandt oder eines Beckmann fest.

Ob der Künstler mit ihren Analysen einverstanden wäre, ist meist nicht zu überprüfen, der Künstler entdeckte derartige ›Richtigkeiten‹ oft auch intuitiv. Festzustellen aber bleibt, dass die Künstler der jeweiligen Epoche die jeweilige künstlerische Sprache der Epoche sprachen, was natürlich auch für die Moderne und für die Gegenwartskunst zutrifft. Die Künstler führen kontinuierlich auf dem Hintergrund der jeweiligen Zeit einen geistig-künstlerischen Diskurs, der nicht nur für die Kunsthistoriker die Grundlage für ihre Einschätzung und letztlich auch für die Gestaltungsprinzipien der Werke bildet. Der stetige Wandel der Kunst ist die logische Folge, was kommen wird, kann aber nur erahnt werden, meist kommt es anders.

Aus meiner persönlichen Erfahrung kann ich sagen, dass ich häufig erst im Nachhinein erkenne, was ich getan habe, dann aber nicht selten das Erkannte in Serien erprobe, es so lange auf seine Bildtauglichkeit hin überprüfe, bis die Spannung und mein Interesse nachlassen. Der eigentliche Entscheidungsprozess bleibt merkwürdig unklar.

War der persönliche Dialog mit der Kunstgeschichte ausschlaggebend, war es das positive Missverständnis eines abgebildeten Kunstwerkes oder irgend eines Abbildes? War es ein Erlebnis, ein Gespräch, eine Betroffenheit? Ist es so, wie Willy Baumeister meint, dass das Werk den so genannten schöpferischen Winkel benötigt, um als Kunstwerk existent zu werden, d.h., muss der Künstler zwangsläufig von seiner originären Bildidee abweichen, da er während des Tuns erlebt, dass seine Hand der Idee nicht wirklich folgt und dadurch etwas entsteht, was er vorher nicht im Kopfe hatte, sich ihm also etwas Unbekanntes offenbart? Meint Gerhard Richter solches, wenn er sagt, seine Bilder seien klüger als er?

Und schließlich ist danach zu fragen, ob gewonnene Erkenntnisse über Bildentstehungs-, Findungs- oder Gestaltungsweisen Studierenden vermittelt werden können, um dem, was er schließlich als Kunst definiert, zum Durchbruch zu verhelfen? Alles schwer zu beantworten. Solche Erkenntnisse sind oft aber dadurch wichtig, dass man sie bewusst vernachlässigt, da die Kunstgeschichte belegt, dass besonders die Verstöße gegen bestehende Regel häufig das Neue ergeben haben. Aber auch das ist kein Ratschlag mit Garantie, denn wie soll man verstoßen? Aber eins scheint mir unabdingbar: Jedes Kunstwerk benötigt diesen und wenn auch noch so geringen Aspekt des Neuen, die andere Sicht.

Rolf Sachsse

Stolpersteine im Medium

Stichworte zum Mäandrieren zwischen Theorie und Praxis auf der Grundlage einer alten Mind Map zum ehemals freien Sprechen vor gemischtem Publikum

1 Seit rund fünf Jahren platziert der Kölner Künstler Gunter Demnig seine Stolpersteine auf deutschen Gehwegen: kleine, in Messing getriebene Bodenstücke von rund 5 × 5 cm mit passendem Unterbau. In die Messingplatte sind Namen und Lebensdaten jüdischer Mitbürgerinnen und Mitbürger gepunzt, die jeweils im Haus am Stein gelebt haben. Sämtliche Platten sind privat gesponsort, einige Tausend hat der Künstler in Deutschland schon verlegt. Klein, wie sie sind, erzeugen sie beträchtliche Aufmerksamkeit durch eine Form der Kettenreaktion: Sobald ein Mensch diese – skulptural minimalistisch durchgeformten – Bodenplatten betrachtet, findet sich einer, der diesen beim Betrachten betrachtet, woraus eine erneute Betrachtung der Platten resultiert. Fünf Minuten Stehen vor einer solchen Bodenskulptur kann – einen innerstädtischen Ort mit gutem Fußgängerverkehr vorausgesetzt – eine mittlere Menschenansammlung zur Folge haben. Nicht nur Beine, sondern auch Augen können stolpern. Ob damit die Güte von visueller Kommunikation zusammenhängt, wage ich mindestens teilweise zu bezweifeln – aber ein Anlass zur Aufmerksamkeit ist das Stolpern allemal.

www.hbk-bs.de/stolpersteine/rs1.jpg
Gunter Demnig, Stolperstein Am Hof 23, Bonn
2002 (Aufnahme 2003)

2 Das berühmte, von Plato aufgezeichnete Gespräch zwischen Sokrates und dem jungen Edelmann Phaedrus nach dessen erster Rede auf der Agora ist ein Meilenstein der Mediengeschichte, geht es dort doch um nicht weniger als die Frage, ob schriftliche Aufzeichnungen das Gedächtnis unterstützen oder nicht doch bei einer rhetorischen Veranstaltung eher stören. Ein neueres Nachlesen dieses Gesprächs lenkt vom eigentlichen Thema ab und setzt es in einen anderen Kontext: Während ihres Gesprächs sind der Philosoph und der Redner

www.hbk-bs.de/stolpersteine/rs2.jpg
Wasgenwald / Pfalz 1978

www.hbk-bs.de/stolpersteine/rs3.jpg
Ipak-Meister Turginboy Mirzaachmedov, Margilan / Usbekistan 2000

ununterbrochen damit beschäftigt, sich einen angenehmen Lagerplatz zu suchen – mal ist ein Olivenhain zu verwurzelt, mal eine Weide von zuvielen Schafen benutzt worden, mal ist die Aussicht nicht angenehm, und letztlich kehren die Gesprächspartner an ihren Ausgangspunkt zurück, ohne sich niedergelassen zu haben. Die Medien haben selbst keinen Ort, brauchen ihn aber, um Grundlage für Erkenntnis, Kritik und Interesse zu bilden.

3 Medien beenden das Zeitalter des Homo faber und sind dennoch von konkret handwerklichen Routinen abhängig. Schönheit, Ornament und Bedeutung sind im Handwerk durch spezifische Traditionen überliefert worden, deren Aneignung vor-medial ist: Zunächst wird kopiert, dann wird wiederholt, und irgendwann mag sich im Laufe eines Handwerkerlebens jene kleine Differenz zur Vorgän-

www.hbk-bs.de/stolpersteine/rs4.jpg
Hancock Shaker Village, Massachussetts 1992

www.hbk-bs.de/stolpersteine/rs5.jpg
Hancock Shaker Village, Massachussetts 1992

gergeneration herausschälen, die als Zeitstil beschreibbar wird. Ohne Routine kein Handwerk, und die moderne Idee eines Ersetzens stupider Routine durch industrielle Produktion, gar Robotik, führt zu einer Verlustrechnung für Sehnsuchtsmuster, die sich täglich auf Flohmärkten austoben und von dort wieder in den gestalterischen Alltag zurückkehren.

4 Handwerkliche Medien sind ein Widerspruch in sich und doch im Sinne einer Kontextbildung für Erkenntnis und Interesse unverzichtbar. Mein – zunächst handwerklich eingeübtes – Medium ist die Fotografie; sie formt im Vortrag einen zweiten Diskurs, der in der Verschriftlichung eines Buches nicht wiederzugeben ist. Ihr Spezifikum für die Fixierung aller visuellen Kommunikation an Medien ist, dass sie im Lauf des 19. Jahrhunderts nicht nur ein Verfahren, sondern auch einen massenhaften Umgang damit in Gang setzt, der aus dem Begriff einer griechischen Grammatik-Form über die parapsychologische Vermittlungsinstanz jenseitiger Weisheiten eine Macht der technisch vermittelten Bilder und Impressionen etabliert, die kaum noch zu überschätzen ist. Medien vermitteln eine erste Wirklichkeit, der die körperliche Realität oft genug angepasst wird, damit die Erkenntnis der Umkehrung nicht allzu schmerzhaft ausfällt.

5 Fotografie kann handwerklich wie medial ausgeübt werden, darin der Typografie und vielen anderen grafischen Übungen ähnlich. Ihre eigene Entwicklung aus dem routinierten Wiederholen künstlerischer Bildformen in technischer Transformation und aus dem wissenschaftlichen Interesse des kalten Vergleichs von Sichtbarem führt zu jenem medialen Begriff, der die Gestaltung sämtlicher Ereignisse und Gegenstände der materiellen Umwelt ein, dem Design. Zunächst als

Differenz zur handwerklichen Kopiertätigkeit beschrieben, mit dem Primat einer geistigen Konzeption über deren materielle Realisation, ist das Design zur inhaltsleeren Generalmetapher all jener Kommunikationsformen verkommen, für deren sprachliche Kritik Zeit und Begriff fehlt.

6 Die Gefahr sahen Leibniz wie Lessing vor dem Auftauchen der technischen Medien und versuchten früh, dem kommunikativen Prozess auch jenseits der Sprache Elemente der Logik einzuhauchen, die die theologischen Funktionen des Bildes auf der Leinwand wie im Theater, vor allem auch in der Wissenschaft ablösen sollten. Doch Logik und Laokoon führten nur zu einem neuen Konstrukt, der Autonomie der Kunst, mit der sie sich selbst zur Göttin, zur Religion und schließlich zu jenem selbstreferentiellen Begriff machen konnte, der bis heute die Differenz zum alltäglichen Design ausmacht.

7 Nach dem Handwerk kam der Strom, und mit Friedrich Kittler die endgültige Definition des Mediums: „Nur was schaltbar ist, ist." Das ist allerdings ein ebenso selbstreferentieller Spruch wie all die vorherigen Aussagen, weshalb er selbst so bemüht ist, ihn immer wieder auf die Kriegstechnologie zu beziehen, deren Moral uns alle angeht wie das Design, das oft genug aus ihm stammt. Doch wird der Vorgang des Schaltens zumeist unterschätzt, denn er besteht nicht allein aus zwei Zuständen: an/aus oder null/eins. Die Auswahl selbst, das Dazwischen ist ein eigener Zustand, der sich im Momentum des Schaltens nicht allein als physikalische Kraft, sondern als das Dritte einer jeden Gegenüberstellung realisiert. Anders gesagt: Hier erfüllt sich die Mimesis im Akt des Fotografierens oder Scannens von Realien.

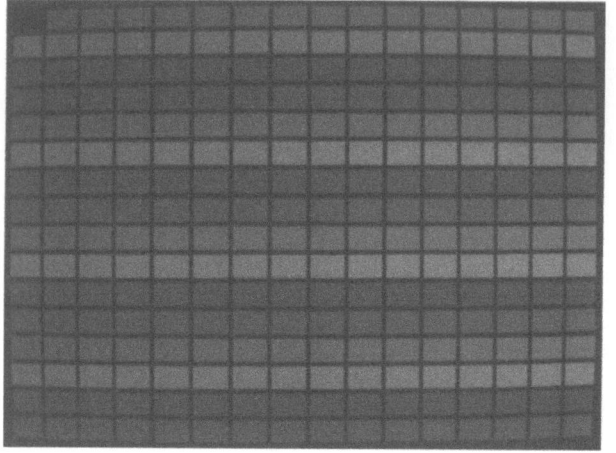

www.hbk-bs.de/stolpersteine/rs8.jpg
RGB blue-green / random, Qbasic /
ZKM 1991 / 2003

8 1947 fiel im amerikanischen Forschungslabor von Los Alamos eine der folgenschwersten Entscheidungen des Medienzeitalters, als sich die Militärtechnologen entschlossen, vorzugsweise die geschlossenen Rechnerkreisläufe des John von Neumann in ihre Strategien zu implementieren statt der offenen Konzepte des Norbert Wiener. Sie führte dazu, dass die Mathematik des Computierens vergleichsweise simpel, aber relativ schnell ist, was sich als gesellschaftliches Modell der Ästhetik durch die ganzen 1950er Jahre hindurch fortsetzte und jene Überlegenheit des neuen Amerikas gegenüber dem alten Europa begründete, auf der ein greiser Militärpolitiker mit Erfahrungen aus jener Zeit heute noch beharrt.

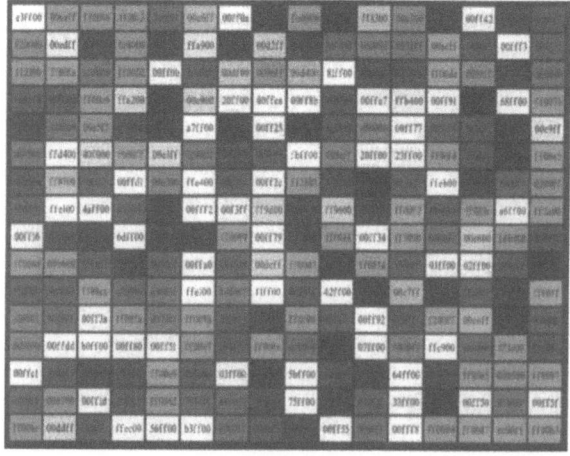

www.hbk-bs.de/stolpersteine/rs9.jpg
RGB blue-green / random, Qbasic /
ZKM 1991 / 2003

www.hbk-bs.de/stolpersteine/rs10.jpg
Elektrizitätswerk Vockerode / Elbe 1999

9 Neumanns geschlossene Rechnersysteme generierten selbsterzeugende wie selbsternährende Programme, deren automatisierter Ablauf auf der Basis großer und größter Quantitäten scheinbar innovative Lösungen produzierte. Diese darwinistische Mathematisierung ließ sich – vom Behaviourismus bis zum radikalen Konstruktivismus eine Niklas Luhmann – ebenso leicht und schnell in die sozialen und politischen Modelle der industriellen Nachkriegsgesellschaften einführen, solange die Grundvoraussetzung ewigen und ungestörten Wachstums – selbst wenn zu dessen Garantie der eine oder andere Krieg gegen Arme und Ferne zu führen war – nicht in Frage gestellt wurde. Die Ästhetik des Computierens folgt über weite Teile einer simplen Kriegslogik: Die besseren Waffen und Strategien gewinnen, der Rest unterwirft sich.

10 Im Design hat diese Entwicklung zur Selbstdefinition als Software geführt, zur Produktion konzeptueller und ideeller Dienstleistungen ohne feste Form und psychische Gestalt. Nachdem die Herstellung der Dinge industrieller Robotik anheim gefallen ist – man betrachte die Pflichtenhefte beim Entwerfen von Automobilen – und die DesignerInnen sich selbst im Markt der Eitelkeiten als AnwenderInnen von Soft Skills zu positionieren haben, ist die Diskussion mimetischer Medien (mit Bert Brecht) ein weiteres Mal in die Funktionale gerutscht: Kein Bild kann es sich mehr leisten, allein sich selbst referieren zu wollen, kein Entwurf kann auf unbedingter Novität bestehen, keine Konzept kommt ohne Rückbezug auf Vorbilder und damit Vorurteile aus. Im Zeitalter der Entwurfsstrategien mittels geschlossener Computer und offener Netzwerke – deren

www.hbk-bs.de/stolpersteine/rs11.jpg
Elektrizitätswerk Vockerode / Elbe 1999

Rückführung auf geschlossene Konsumsysteme im Internet von den Medienunternehmen mit aller Macht betrieben wird – ist aus der für alle Bildnerei übliche Bearbeitung visuellen Rohmaterials die Verarbeitung von Bildern zu anderen Zuständen ohne Rückführmöglichkeit auf das Originale geworden.

11 Während der »photokina« 2002 warb ein amerikanischer Dienstleister für seine digitale Retuschearbeit mit dem Slogan: »Keep your memories clean!« Genau darum geht es, wenn immer noch Fotografie an Design- und Kunstschulen gelehrt wird: Die Widerständigkeit des Vorhandenen zu stärken. Klar ist die Fotografie zum Eingabemedium geworden (hier etwas Eigenwerbung: ‹http://www.hs-niederrhein.de/fb02/sachsse/kasach.html›). Doch dabei ist es nicht geblieben: Sie ist abgerissen worden wie die industriellen Dinosaurier, die sie hier darstellt.

12 Für die Lehre gibt es daraus nur einen Schluss: Curriculare Erfolgskonzepte mögen gegenüber administrativen Geldgebern Planungssicherheit simulieren, de facto sind sie nicht durchführbar. Der Einzelkampf muss geübt werden, an jeder Seite mit jeder Person in jeder Situation an und für sich. Das gewünschte Resultat ist eine Offenheit der Lehrenden für Verschiebungen von tradierten Konzepten, deren Validität jeden Tag neu zu prüfen ist. Im Falle der Schule, von der ich hierher gekommen bin, erfreut mich dieses Konzept jedes Mal neu, wenn ich mich mit deren Geschichte beschäftige: Die Modezeichner Willy Maywald und Regine Lang sind jeweils berühmte Modefotografen geworden, ebenso der Wandmalerklassen-Absolvent Peter Lindbergh (als er noch nicht den Namen des Fliegers trug); aus dem Wandmaler Markus Lüpertz wurde ein akademischer

www.hbk-bs.de/stolpersteine/rs11.jpg
Elektrizitätswerk Vockerode / Elbe 1999

Maler und Direktor, während der Grafiker Markus Maria Jansen eine erfolgreiche Rockband gründete. Auf diese Verschiebungen kann ich als Lehrer einer Design-Schule stolz sein, denn das ist die Methode des Unterrichts selbst – Neuorganisation eines chaotischen Urzustands zu jeweils eigener, unvorhergesehener Form.

Alle Bilder © Rolf Sachsse

Kurzbiografie Rolf Sachsse

geboren 1949 in Bonn;
Photographenlehre und Arbeit im Beruf;
Studium der Kommunikationsforschung, Kunstgeschichte und Literaturwissenschaften;
Promotion über ein photohistorisches Thema;
Photograph, Autor und Kurator;
Professor für Photographie und elektronische Bildmedien am Fachbereich Design der Hochschule Niederrhein in Krefeld;
Assoziierter Professor für Theorie der Gestaltung an der Staatlichen Hochschule für Gestaltung Karsruhe.

www.hs-niederrhein.de/fb02/sachsse
Email: rolf.sachsse@hs-niederrhein.de

Bernd Hennig

Stolpersteine in der Bildgestaltung – gibt es Spielregeln oder ist es ein Spiel mit Regeln?

Zeichnen ist nicht nur Abbilden, sondern vielmehr die Herstellung und der Gebrauch von Zeichen. Zeichen, die zur Zeichnung werden wollen, sind widerspenstig – Zeichen haben ein Eigenleben. Anhand einiger Beispiele möchte ich zeigen, wie Zeichen funktionieren und anschließend möchte ich versuchen, aus den gewonnenen Erkenntnissen allgemeine Regeln des Gestaltens (= Regeln über die Herstellung und den Gebrauch von Zeichen) abzuleiten.

Nicht nur das zeichnerische Erkunden der Welt macht jeden Handelnden schon früh vertraut mit der Wirkung von Stolpersteinen. Mühsam erkämpfte Wegstrecken erweisen sich als Sackgassen, ein furioser Start endet im Kiesbett, Hindernisse und Fallstricke allerorten. Zum Glück sind auf dem steinigen Weg zur Erkenntnis immer wieder hilfreiche Bojen oder Haltegriffe installiert (auch »Gestaltungsregeln« genannt), die, so scheint es, Orientierung möglich machen. Bei näherer Betrachtung weisen diese Wegmarken aber oft auf Pfade, die durch häufige Benutzung schon etwas ausgetreten wirken.

Hier beginnt das Problem der Vermittlung von Gestaltungsregeln deutlich zu werden. Gleichwohl soll für Sie, die Studierenden dieses wunderbaren Metiers, etwas Handfestes bei diesem Symposion herauskommen. Deshalb möchte ich versuchen, das Thema einzukreisen und wenigstens einige Regeln dingfest zu machen. Ich brauche dazu zwei Anläufe und etliche Anleihen bei den radikalen Konstruktivisten, die des öfteren hier als Zeugen auftreten werden. Der erste Anlauf wird kurz sein und vier Regeln zur Folge haben. Der zweite Anlauf dauert etwas länger, dafür steht nur eine Regel am Ende.

Der erste Anlauf
Der Begriff der »Regeln« oder noch strenger, der »Gesetze«, hat ja etwas durchaus Zwiespältiges. Sie geben uns Sicherheit und Halt in der unüberschaubaren Komplexität des Lebens. Es ist wunderbar zu wissen, was richtig ist und was falsch, und was zu tun ist, um zu einem ganz bestimmten Ergebnis zu kommen. Gleichzeitig haben diese Termini so etwas unnachgiebig Autoritäres, unserer Haltung als Künstler und Designer Entgegengesetztes: Wir möchten mit unserer Arbeit eben nicht streng wirken sondern locker, nicht autoritär und eng, sondern frei und weltoffen. Im tiefsten Herzen fühlen wir uns den gesetzlosen Nonkonformisten natürlich eher zugetan als den angepassten Bürgern.

Vielleicht wünschen wir uns den Umgang mit Regeln so, wie in Italien die Straßenverkehrsordnung praktiziert wird: Jeder fährt erstmal drauf los, eine rote Ampel zwingt nicht unbedingt zum Halten und die Verkehrsregeln scheinen eher den Charakter von unverbindlichen Vereinbarungen zu haben ... Trotzdem passieren nicht mehr Unfälle und die Fahrerei macht nach einem anfänglichen Praxisschock sogar richtig Spaß ...! Wie kriegen wir also diese mediterrane Lockerheit hin? Wieviel Regeln brauchen wir, wieviel Freiheit können wir uns leisten? Nützen uns die fünf laufenden Meter Literatur zum Thema »Gestaltung«, die in jeder Fachbereichsbibliothek stehen? Oder behindern sie uns eher?

Ein Schwenk zurück in unsere paradiesische Kindheit. Paradiesisch deshalb, weil es damals noch möglich war, unbefangen und anmutig zugleich, unsere eigenen Regeln zu erfinden. Irgendwann haben wir gelernt, solche Strichmännchen zu zeichnen (Abb. 1a, 1b). Wir wissen, dass hier nicht ein naturgetreues Abbild vorliegt, sondern eine Konvention. Nämlich die Konvention eines Gesichts reduziert auf die Minimal-Information Punkt, Punkt, Komma, Strich. Dass diese Konvention funktioniert, sehen wir an der Reaktion der restlichen Familienmitglieder: Sie wird grundsätzlich bejaht, höchstens taucht die Frage auf: Wer ist denn das? An einem entscheidenden Detail offenbart sich *hier* jedoch die ganze Tragik des genialen Gestalters: Über den Augenpunkten sehen wir einen Strich. Nachdem dieser Strich nun immer wieder auftaucht kann es kein Zufall mehr

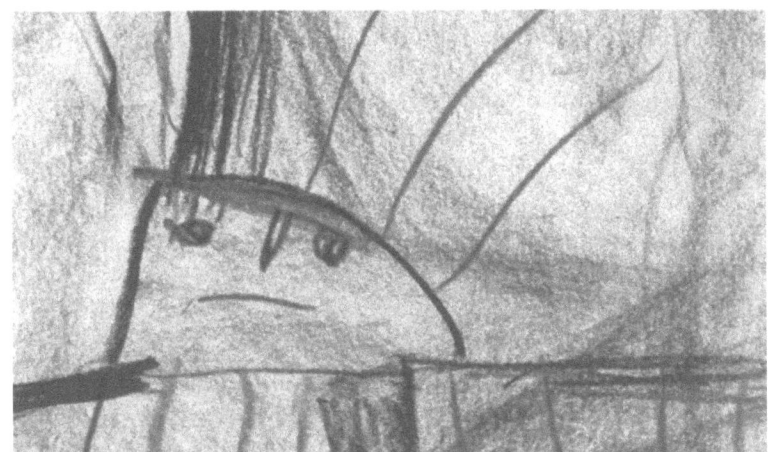

sein. »Was ist denn das?« fragt der große Bruder. »Die Stirn«, antwortet die kleine Schwester. Der Vorschlag einer neuen Konvention, aus ihrer Sicht bestimmt notwendig und wichtig (sonst wäre der Vorschlag nicht gekommen) wird jedoch vom Rest der Gesellschaft (vom großen Bruder) mir der Begründung abgelehnt, dass man das *so* nicht macht. Daraus folgt die erste Regel:

Entferne dich nicht zu weit von den Konventionen deiner Kultur.

Paul Watzlawick, ein wichtiger Vertreter des »Radikalen Konstruktivismus«, beschreibt es so: »... Jean Piaget (hat schon) in seinem

Buch *La construction du réel chez l'enfant*, das in den 30er-Jahren erschienen ist, darauf verwiesen, dass zum Beispiel die Orientierung des Kleinkindes auf Kommunikation beruht. Piaget hat in sehr vorsichtiger und klarer Weise vorgeführt, wie ein Kind sich ein Bild der Wirklichkeit erschafft – und welche Rolle die Kommunikation der Umwelt in diesem Prozess spielt. Dem Kleinkind wird in jedem Fall mitgeteilt: Wir sagen dir, wer du bist! Wir sagen dir, wie du die Welt zu sehen hast! Und wenn du sie anders siehst, bist du entweder verrückt oder böswillig! Auf diese Weise kommt es zur Ausbildung von Wirklichkeitskonstruktionen, die zum Teil rein persönlicher Art sind, aber sich auch auf ganze Kulturen erstrecken können.«[1]

Etwas allgemeiner formuliert es der Philosoph Klaus Fischer in einem Interview der Zeitschrift »brand eins« mit dem Titel »Genie und Eigensinn«: »… Der Einzelne ist die treibende Kraft, aber er braucht natürlich andere, um seine Idee zur Geltung zu bringen. Das Neue muss anschlussfähig sein, sonst bleibt es folgenlos. Ein Erfinder, der sich etwa zu weit vom Status quo entfernt, ist zum Scheitern verurteilt.«[2]

Daran anschließend gleich die zweite Regel, die sich aus der Tatsache ableiten läßt, dass der Stirn-Strich immer wieder auftaucht, also nicht zufällig, sondern als bewusste Setzung verwendet wird. Man findet das gleiche Phänomen natürlich auch in der Werbung oder bei Politikern, die uns immer das gleiche erzählen. Man kann es aber auch in diesen etwas anarchistischen (gesetzlosen?) Randbereichen, wie z. B. bei Sprayer-Tags beobachten, die als isoliertes Zeichen oft etwas Willkürliches haben (»… eben mal den Sprühkopf gereinigt …«) und sich erst in der Wiederholung als absichtsvolle Handlung zeigen. Hier also die zweite Regel:

Nur was ständig wiederholt wird, wird zur Regel.

Dazu ein weiteres Zitat aus der radikal konstruktivistischen Ecke, dieses mal von Ernst von Glaserfeld, der es etwas präziser sagt: »… Wiederholung ist der grundlegende Baustein der erlebten Wirklichkeit. Je nachdem, was da als wiederholt erlebt wird, bilden sich Stufen der Wirklichkeit. Ein Farbfleck, der nur als momentaner Eindruck in meinem Blickfeld erscheint und sich nicht mehr sehen lässt, wird zumeist als visuelle Fehlleistung oder Illusion verworfen und nicht als ›wirklich‹ registriert. Lässt er sich jedoch wiederholen, so gewinnt er Realität … Je verlässlicher die Wiederholung so eines Erlebnisses sich heraufbeschwören lässt, um so solider wird der Eindruck seiner Wirklichkeit.«[3]

www.hbk-bs.de/stolpersteine/bh02a.jpg
Die Zeichnung des großen Bruders

Zur Unterstützung von Regel eins und zwei folgt sogleich die Regel Nummer drei, die ich an folgendem Beispiel deutlich machen möchte (Abb. 2a, 2b): Die kleine Schwester sitzt dem großen Bruder beim Zeichnen gegenüber. Das Thema »Bauernhof« wird virtuos umgesetzt. Aber die kleine Schwester muss die Erfahrung machen, dass die zeichnerischen Codes entsprechend präzise eingesetzt werden müssen, wenn sie funktionieren sollen. Sie übernimmt das Kürzel für »Vorhang« (das umgedrehte V) aus der gegenüberliegenden Zeichnung des Bruders. Aus ihrer Position hat sie richtig beobachtet und

www.hbk-bs.de/stolpersteine/bh02b.jpg
Die Zeichnung der kleinen Schwester

richtig gezeichnet – im Kontext ihres Fensters ist der Vorhang jedoch falsch platziert, weil er auf dem Kopf steht. Auch ihr Einwand »das sehe ich doch aber so«, der uns an ein weit verbreitetes Argument bei Künstlern erinnert, bringt den großen Bruder (die Gesellschaft) nicht dazu, ihren Vorschlag zu akzeptieren. Die dritte Regel lautet also:

Prüfe, ob dein individueller Standpunkt für den Rest der Welt irgendeine Relevanz hat.

Zur Unterstützung dieser Regel möchte ich noch einmal Ernst von Glasersfeld zitieren: »Was wir zumeist als ›objektive‹ Wirklichkeit betrachten, entsteht in der Regel dadurch, dass unser eigenes Erleben von anderen bestätigt wird. Dinge, die nicht nur von uns, sondern auch von anderen wahrgenommen werden, gelten ganz allgemein, d.h. im Alltagsleben wie auch in der Epistemologie, als real. Intersubjektive Wiederholung von Erlebnissen liefert die sicherste Garantie der ›objektiven‹ Wirklichkeit.«[4]

Das bisherige Regelwerk wird gekrönt von Regel Nummer vier, illustriert durch nebenstehende Abbildung (Abb. 3): Wir sehen hier eine Gruppe von Jung-Designern, die brav die Regeln eins bis drei befolgt haben. Sie haben die Konventionen ihrer Kultur nicht in Frage gestellt. Sie haben, um jeden Anschein der Zufälligkeit auszuschalten, ihre formalen Elemente wiederholt und sie haben ihren individuellen Standpunkt den Gruppenkonventionen untergeordnet. Das Ergebnis ist aus gestalterischer Sicht jedoch katastrophal. Sie setzen uns Einheitsbrei vor: Mainstream. Und es scheint, dass die verwendeten Regeln säuberlich alle Stolpersteine aus dem Weg geräumt und jede Überraschung verhindert haben. Letzten Endes haben sie genau das erzeugt, was jede ambitionierte Gestaltung zum Scheitern verurteilt: Das Ding/Bild/Design geht in der Masse unter, wird ununterscheidbar, grau, langweilig. Daraus folgt die Regel Nummer vier:

Misstraue Regel eins bis drei.

Meine Vermutungen finde ich wiederum durch Ernst von Glasersfeld bestätigt: »... Ich glaube (...), dass Menschen Regelmäßigkeiten und das Gefühl einer geordneten Welt benötigen, sie müssen sich Kausalverbindungen und Korrelationen konstruieren, die man in die Zukunft projizieren kann. Man möchte ihre Stabilität unbedingt erhalten. Der Fehler besteht darin, Regelmäßigkeiten dieser Art als Wahrheit aufzufassen und sie mit einem Verständnis und der Erfassung der optischen Welt gleichzusetzen. Die Wissenschaft und

die gesamte Technologie beruhen auf dem Glauben, dass Ursache-Wirkungs-Relationen, die man in der Vergangenheit festgestellt hat, auch in Zukunft funktionieren. Schon bei David Hume heißt es jedoch, das sei ein notwendiger Glaube, der sich nicht beweisen lasse: Die Welt könnte sich auch ändern.«[5]

Eine noch radikalere Einschätzung (wie könnte es auch anders sein, bei einem radikalen Konstruktivisten) findet sich bei Heinz von Foerster: »In jedem Augenblick unseres Lebens sind wir frei, auf die Zukunft hin zu handeln, die wir uns wünschen. Mit anderen Worten, die Zukunft wird so sein, wie wir sie sehen und erstreben. Dies kann nur für diejenigen ein Schock sein, die ihr Denken von dem Prinzip leiten lassen, dass für die Zukunft nur die Regeln gelten sollen, die in der Vergangenheit befolgt wurden. Für diese Menschen ist die Vorstellung einer ›Veränderung‹ unbegreiflich, denn Veränderung ist der Prozess, der die Regeln der Vergangenheit auslöscht.«[6]

Der zweite Anlauf

Hier könnte der Vortrag schon zu Ende sein. Ich möchte jedoch in meinem zweiten Anlauf versuchen, dem Thema auf einem Umweg doch noch etwas näher zu kommen. Wie wir gerade an den Bildbeispielen gesehen haben, entwickeln die herrschenden Konventionen ein sehr starkes Eigenleben mit einer, allen Regeln immanenten, Tendenz zur Starrheit. Der neue Ansatz wäre nun der, die Auseinandersetzung mit dem Problem des Gestaltens in der Form zu führen, dass wir zunächst nur untersuchen, wie sich die ›Gestalten‹ (also die Zeichen, die zur Zeichnung werden) vom Trägermaterial

Papier differenzieren lassen. Uns interessieren also weder gestalterische Konventionen noch ästhetische Kategorien, sondern nur die Frage: wann/wie entsteht ›Gestalt‹? Und vielleicht gelingt es uns im Anschluss daran, mit den gefundenen Kriterien Einfluss auf die Gestalt bzw. auf die Gestaltung auszuüben und sie in unserem Sinne zu beeinflussen.

Mit einer exemplarischen Reihe von Aufgaben möchte ich illustrieren, wie wir in Dessau im Grundlagenstudium versuchen, diesen Ansatz zu vermitteln, und durch konkrete Arbeit das Denken mit den Händen, das Be-greifen zu initiieren (gemäß der Maxime von Gregory Bateson, dass Handeln gleich Erkenntnis ist). Die Spielregeln sehen so aus: Ein Team von 5–7 Studenten stellt sich, nach entsprechenden Vorgaben, eigenes Experimentiermaterial her: Das sind quadratische Kärtchen, die durch gerade, gebogene und freie Linien geteilt werden sollen. Synonym zum Begriff der »Gestalt« wird der Begriff »Figur« eingeführt und die Frage lautet nun: wann/wie differenziert sich die Figur vor dem Hintergrund, kurz »Grund« genannt. In einem Auswahlverfahren wird im Team spontan versucht zu entscheiden, welcher Bereich eher als Figur, welcher als Grund bezeichnet werden kann.

Es bilden sich zwei Kärtchen-Stapel: einer mit eindeutigen Ergebnissen, einer mit uneinheitlicher Zuordnung (Abb. 4). Die Eindeutigkeit leitet sich aus dem Stimmenverhältnis der jeweiligen Gruppe ab. Es geht also nicht um subjektive Bewertungen sondern um das Finden von spontanen, gemeinsamen Schnittmengen.

Die Kärtchen, die eine eindeutige Figur-Grund-Unterscheidung erlauben, werden anschließend auf die Kriterien hin untersucht, die diese Zuordnung ermöglicht haben. Die Ergebnisse zeigen, dass bei allen Beispielen die Form der Trennlinie die Figur-Grund-Unterscheidung bestimmt hat. Wichtigstes Kriterium für das ›Einschließen‹ ist der kleinere Winkel der Trennlinie. Die eingeschlossene Form wird dann zur Figur, die ausgeschlossene Form wird zum Grund. Nicht so konkret fassbar, gleichwohl vorhanden, ist der Einfluss auf die Interpretation durch den Betrachterstandpunkt, die Gewichtung der Flächenanteile und die Assoziationen zu bekannten Objekten. Die wichtigste Erkenntnis aus dieser Aufgabe ist jedoch weniger eine konkret gestalterische als die, dass es augenscheinlich intersubjektive Bewertungskriterien gibt, die jenseits von Konventionen existieren, also tatsächlich so etwas wie eine gemeinsame Schnittmenge bilden.

Beim nächsten Arbeitsschritt geht es darum, das Eigenleben von Zeichen (Gestalten) zu untersuchen, die nicht mehr isoliert, sondern als Gruppe auftreten. Das Verfahren ist das gleiche wie zuvor: ein

Team von Studenten stellt sich eigenes Experimentiermaterial her. Ob gezeichnet oder kopiert spielt dabei keine Rolle. Als Reihung auf einer großen Fläche ergibt sich zunächst ein ›grauer‹, indifferenter Grund, ähnlich einer Fläche aus Rasterpunkten (Abb. 5a, 5b, 5c). Die neue Aufgabenstellung lautet nun: Wie können die Einzelzeichen verändert werden, um neue Gruppen zu bilden, die sich ihrerseits wieder als Figur auf oder vor einem Grund differenzieren lassen? Verschiedene formale Veränderungen der Einzelzeichen werden nun ausprobiert und auf ihre Wirksamkeit hin untersucht. Die gefundene Kriterien, die ›Familienähnlichkeiten‹ erzeugt und unterstützt haben und gleichzeitig die Trennschärfe zum (Hinter)-Grund erhöht haben waren u.a. die Richtung, die Form, die Größe, die Farbe, oder auch die Dichte der Einzelzeichen.

Dieses konkret erfahrene Wissen versuchen die Studenten nun in eine freie, dreidimensionale Arbeit zu übersetzen mit dem Thema: »Die Zeichen zeigen sich selbst oder zeigen sich in ihrem Bedeutungszusammenhang« (Abb. 6a, 6b, 6c). Also z.B. die Teebeutel, die durch Einfärben die Form einer Teetasse nachzeichnen, die Schrauben, die durch unterschiedliche Höhen das Relief eines Schraubenziehers modellieren oder die Nägel, die als ›Pixel‹ die Kontur eines Hammers abbilden. In dieser Phase wird zum ersten Mal richtig deutlich, dass es trotz gleicher Ausgangsbedingungen (= gleicher Spielregeln) zu ganz unterschiedlichen Ergebnissen kommen kann. Manche Arbeiten werden bei den gemeinsamen Bewertungsrundgängen eindeutig besser bewertet als andere. Warum ist das so? Ich glaube dass hier der Stolperstein-Effekt sichtbar wird.

www.hbk-bs.de/stolpersteine/bh05a.jpg

www.hbk-bs.de/stolpersteine/bh05b.jpg

www.hbk-bs.de/stolpersteine/bh05c.jpg

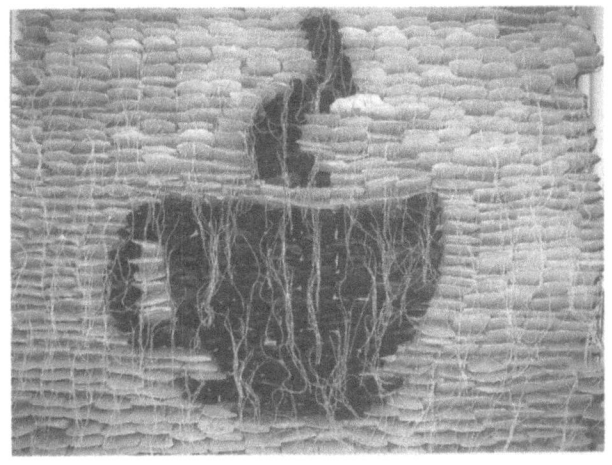

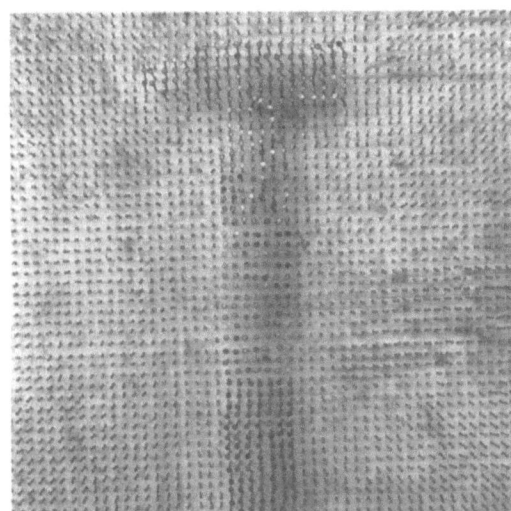

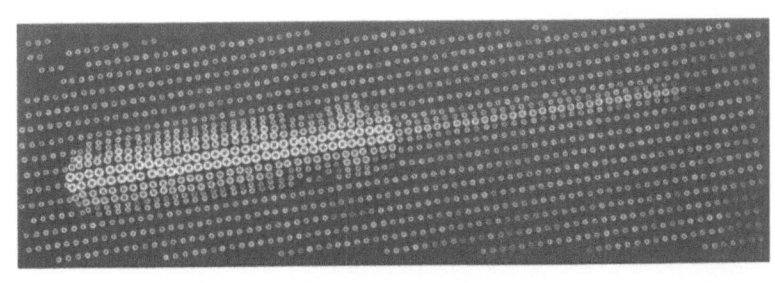

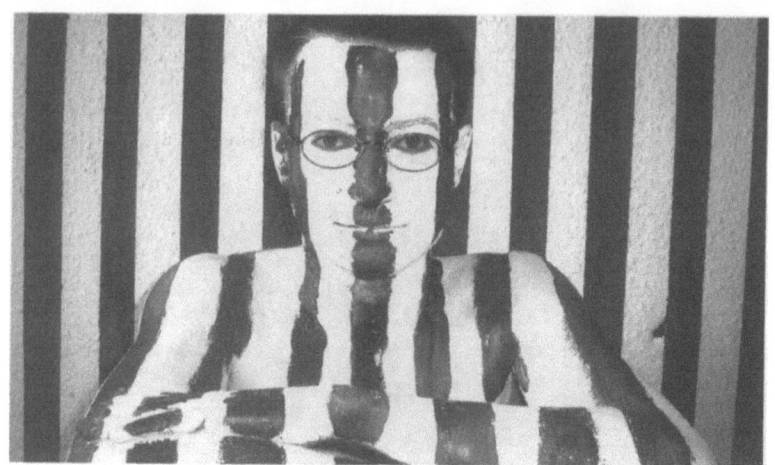

Noch deutlicher tritt dieser Effekt bei den folgenden Arbeiten zu Tage. Es ist die letzte der Figur-Grund-Untersuchungen. Die Studenten tun nun das, was die Natur oder die Militärs schon immer getan haben: die Unterscheidungsmerkmale zwischen Figur und Grund werden angeglichen und aufgehoben um ein Objekt zu tarnen. (Abb. 7a, 7b, 7c)

In die Bewertung schleicht sich fast zwangsläufig eine Diskussion über die Prägnanz der getarnten Objekte ein. Die gezeigten Beispiele funktionieren nur, wenn sie durch unsere Alltagserfahrungen genügend abgesichert sind. Ein exotisches Tier oder eine Pflanze, die zu weit von der bekannten Gestalt heimischer Arten entfernt ist, kann nicht wahrgenommen werden. Die Tarnung ist perfekt – zu perfekt! Es wäre grundsätzlich möglich, alle Objekte absolut zu tarnen (der Eisbär im Schnee oder der Schornsteinfeger in der Nacht). Ein bruchloses Aufgehen der Figur in den Grund scheint jedoch aus gestalterischer Sicht, wie die Diskussionen zeigen, nicht interessant genug zu sein. Die Wahrnehmbarkeit der Grenze, die Differenz zwischen Figur und Grund, oder Allgemeiner: der Bruch der Regel, wird als Qualität erlebt.

Daraus möchte ich nun die einzige Regel ableiten, die ich wirklich für Gestalter als sinnvoll und nützlich erachte. Sie hat eine kleine, persönliche Geschichte als Hintergrund: 1985 habe ich an einem Bildhauerworkshop in Berlin teilgenommen, der von Anthony Caro geleitet wurde. Wir haben ziemlich oft und ziemlich lange über Traditionen und Innovationen, nicht nur in der Skulptur, gesprochen.

Sein abschließendes Statement war kurz und lapidar. Ich habe es zu meiner zentralen Gestaltungsregel erhoben. Es lautet:

Show the rule and break the rule!

Den Kommentar hierzu gibt Hermann von Helmholtz ab in seiner »Lehre von den Tonempfindungen als physiologische Grundlage für die Theorie der Musik«, erschienen in Braunschweig, 1863: »Die Kunst handelt absichtsvoll, doch soll das Kunstwerk als ein absichtsloses erscheinen und so beurteilt werden. Sie soll schaffen wie die Einbildungskraft vorstellt, gesetzmäßig ohne bewußtes Gesetz, zweckmäßig ohne bewußten Zweck. Ein Werk von dem wir wissen und erkennen, dass es durch reine Verstandestätigkeit zu Stande gekommen ist, werden wir nie als ein Kunstwerk anerkennen, so vollkommen zweckentsprechend es auch sein mag. Wo wir in einem Kunstwerke bemerken, daß bewußte Reflexionen auf die Anordnung des ganzen eingewirkt haben, finden wir es arm.«

Dieses wunderbare Zitat schlägt eine Brücke zwischen der eingangs beschriebenen Anmut und Unbefangenheit kindlicher Weltbeschreibungen und dem Werk aus dem ich es entliehen habe: Georg Spencer-Browns Klassiker »Laws of Form«[7], in dem wir den Begriff der »Differenz« in der berühmten Aufforderung »Draw a distinction!«[8] diskutiert finden. Die simple Anweisung »Triff eine Unterscheidung« birgt in sich den grundsätzlichen Beginn der Konstruktion einer neuen Wirklichkeit. Dass es für Gestalter ›tägliches Brot‹ ist, neue Wirklichkeiten zu erfinden, ist ebenso simpel. Schwierig wird das Ganze erst durch die Tatsache, dass es ein Spiel mit Regeln ist und dass sich die Spielregeln permanent ändern. In diesem Spiel des Regel-Aufstellens und Regel-Brechens haben wir, so glaube ich, das Stolperstein-Prinzip dingfest gemacht. Diesem Prinzip immanent ist eine kontrollierte Ungleichgewichtigkeit, eine subversiv gesteuerte Differenz zwischen den formalen und/oder inhaltlichen Elementen. Diese Differenz macht letzten Endes die Qualität einer Arbeit aus und findet ihre Entsprechung im Bild vom Stein, der vielleicht nur einen Zentimeter über den Belag hinausragt und gerade deswegen zum Stolperstein wird.

Literaturverzeichnis

1 Watzlawick, Paul (2002): »Wir können von der Wirklichkeit nur wissen, was sie nicht ist«, in: Pörksen, Bernhard: »Die Gewissheit der Ungewissheit«, Heidelberg, S. 213 f.
2 Fischer, Klaus (2003): »Genie und Eigensinn«, in: »brand eins«, 5. Jahrgang Heft 01, S. 70
3 Glasersfeld, Ernst von (1995): »Konstruktion der Wirklichkeit und des Begriffs der Objektivität«, in: Gumin, Heinz / Meier, Heinrich (Hrsg.): »Einführung in den Konstruktivismus«, München, 1985 (2. Aufl. 1995), S. 32 f
4 Glasersfeld, Ernst von (1995): a.a.O., S. 33
5 Glasersfeld, Ernst von (2002): »Was im Kopf eines anderen vorgeht, können wir nie wissen«, in: Pörksen, Bernhard: »Die Gewissheit der Ungewissheit«, Heidelberg, S. 57
6 Schmidt, Siegfried J. (1996): „Wissen und Gewissen: Versuch einer Brücke / Heinz von Foerster", Frankfurt, 1993 (3. Aufl.1996), S. 203
7 Spencer-Brown, George (1997): »Laws of Form – Gesetze der Form«, London, 1969 (Neuauflage 1997), S. xviii
8 vgl. hierzu auch den Aufsatz von Manfred Schmalriede und Bernd Hennig »Draw a distinction« in: Klaus Sachs-Hombach, Hrsg. (2001): »Bildhandeln. Interdisziplinäre Forschungen zur Pragmatik bildhafter Darstellungsformen«, Magdeburg, S.159 ff

Herzlichen Dank für die Überlassung der Studienarbeiten an: Christiane Scheibe + Bernadette Dorndorf (Abb. 5a, 5b, 5c), Eva Bergauer + Linda Rothbart (Abb. 6a), Clemens Koschel + Wolfgang A. Peghini (Abb. 6b), Lea Heck + Corinna Gast + Sabrina Belling (Abb. 6c), Andreas Faika (Abb. 7a), Sahila El Carrouchi (Abb. 7b), Ilka Barthauer (Abb. 7c), Michael Wilk (Abb. 8) und an meine Kinder Philipp und Sophia (Abb. 1a, 1b, 1c, 2a, 2b).

Kurzbiografie Bernd Hennig

1952	in Heilbronn geboren
1974-1978	Grafik-Design-Studium an der Fachhochschule für Gestaltung, Pforzheim
1977	Kunstpreis »Forum junger Kunst«
1980	Stipendium der Kunststiftung Baden-Württemberg
1978-1982	Bildhauerei-Studium an der Kunstakademie Karlsruhe bei Hiromi Akiyama und O.H. Hajek
1986	Arbeitsstipendium Casa Baldi, Olevano Romano, Italien
1983-1990	Lehrauftrag für das Fach Zeichnen Fachhochschule für Gestaltung, Pforzheim
1990 - 1991	Villa Massimo-Stipendium, Rom
seit 1994	Professur an der Fachhochschule Anhalt in Dessau, Fachbereich Design, Grundlagen der Gestaltung, Lehrgebiet Zeichnen

Email: hennig@des.hs-anhalt.de

Abschlussdiskussion

10. April 2003,
Hochschule für Bildende Künste Braunschweig

Moderation
Prof. Ute Helmbold

Beteiligte
Prof. Bernd Hennig, Andreas Maxbauer, Regina Maxbauer,
Prof. Dr. Rolf Sachsse, Dr. Martin Scholz, Wolfgang Vollmer

Ute Helmbold
Es hat sich ja ganz offenbar gezeigt, dass es auch zwischen Regel und Regel Unterschiede gibt. Wir haben auf der einen Seite die Gestaltungsregeln, die uns von außen vorgegeben sind und wir haben die Regeln, die der Gestalter sich selbst auferlegt und nach denen er arbeitet. Wir haben viel über Handwerk gehört, über Bleistifte und Zeichenmaterial, über Kinder, Buntstifte. Mich würde interessieren, in wie fern Werkzeuge und in diesem Sinne

heute insbesondere digitale Werkzeuge, Einfluss auf diese Regeln und auch auf die selbst gestellten Regeln haben können.

Andreas Maxbauer
Meine Frau hat das ja schon gesagt, dass wir die Erfahrung machen, dass wir in den Leuten einen ‚Urhauer' hervorrufen und sagen, Du darfst erst an den Computer, wenn das Layout im Scribble steht. Überlegen Sie sich, was Sie brauchen, um einen Rechner zu bedienen und überlegen Sie sich, wie technisch einfach es ist, ein Scribble zu erstellen. Überlegen Sie sich welchen Aufwand sie treiben müssen ein Layout am Rechner zu erstellen, mit allem was durchdacht ist und wie lange Sie am Computer ‚herumbasteln' bis etwas Gescheites herauskommt.

Ich denke, wenn man von Technik redet, sollte man differenzieren, welche Technik für welchen Zweck geeignet ist. Ich halte es für eine ziemlich schlechte Idee, einen Entwurf gleich am Computer zu machen. Da muss ich ganz Unternehmer sein, es ist unrationell.

Gerade wenn man in seinen Entwurf nicht hineinkommt, fängt der Entwurf von Varianten an, statt den Entwurf einfach zu löschen und noch einmal neu anzufangen. Ich habe ja schon so lange dran gesessen, also muss doch durch das Verschieben eines Bildes der Entwurf noch zu retten sein. Oder durch Blaumachen oder von Helvetica auf Times umstellen. Und genau das funktioniert eben nicht. Und wenn man schon in Regeln und Ähnlichem denkt, sollte der Schritt sein, verschiedene Verfahrensschritte beizubringen, die jeweils ihre eigenen Werkzeuge haben und auch ihre eigenen Regeln. Scribbeln am Rechner ist absolut witzlos.

Wolfgang Vollmer
Ich sehe das ähnlich und ich übertrage das jetzt auf das Fotografieren. Ein Hauptanteil der guten Ideen entsteht durch Experimentieren, indem etwas versucht wird, was dann aber leider nicht gelingt. Das passierte mit dem herkömmlichen Filmmaterial relativ häufig. 30 Bilder oder 36 Bilder waren auf einem Kleinbildfilm belichtet, davon wurde vielleicht ein Bild benutzt, bleiben 35 Versuche, die auch nicht schlecht sind oder mit denen auch ein Jahr später noch experimentiert werden kann.

Vergleichbar ist, wenn man das Ganze mit einer Digitalkamera macht, das es viel mehr Möglichkeiten gibt, in denen ich sage, das schmeiße ich weg. Dieses Bild brauche ich jetzt nicht, ich nehme, was ich bereits habe. Damit wird der Bereich des Experimentierens geringer und enger begrenzt. Das würde ich aber jetzt nicht als Gesetz festlegen, sondern das ist etwas, was meine Erfahrung heute ist. Tendenziell würde ich in diesem Zusammenhang auch immer sagen, die Studenten sollen erst einmal einen Silberbildfilm entwickeln und aus diesem klassischen, analogen Weg dann herausfinden, welches vielleicht ihre Tendenz ist und mit welchem Medium sie gut arbeiten können. Wichtig erscheint mir, dass Experimente möglich sind und dass hieraus neue Bilder entstehen.

Ute Helmbold
Herr Sachsse, Sie haben sogar ziemlich rigoros gesagt, Design ist Software. Das ist bereits in der Wortwahl eine sehr technische Sicht auf Gestaltung.

Rolf Sachsse
Ja, eigentlich zerfällt die Frage nach dem Menschen und seinen

Martin Scholz,
Regina Maxbauer,
Bernd Hennig

Werkzeugen in diesem Kontext in zwei Teile. Technik ist Geschichte, d.h. insbesondere Mentalitätsgeschichte. Das Werkzeug formt immer den Menschen, zumindest in der Generation, nachdem es erfunden wurde. Wo die Rollbalken da waren, konnte man Pyramiden bauen und in dem Moment, wo die Räder da waren, war die Seitenstraße etabliert.

Es gibt Zusammenhänge, auch große Zusammenhänge, die nicht nur auf Mutmaßungen beruhen, sondern für die wir heute auch archäologische Evidenzen haben, d.h. die Abhängigkeit des Menschen von seinem Werkzeug, bzw. die Weiterentwicklung des Menschen durch seine Werkzeuge. Sonst wäre es ja ein wirkliches Drama, da wir in den letzten 60.000 Jahren keinerlei Evolution in der Spezies Homo Sapiens entdeckt haben. In sofern erleben wir im Prinzip der Werkzeug-Weiter-Bildung das, was andere Tierarten als Evolution erleben.

Das andere, was ich meine, sind paradigmatische Veränderung. Design oder Gestaltung kann als Software betrachtet werden. Hier muss ich Andreas Maxbauer auch widersprechen. Er hat natürlich recht, so lange er mit seinem Training - dank der Eltern, die ihn als Kind haben zeichnen lassen - mit dem Bleistift sehr viel schneller ist als andere mit allen anderen Medien, ist das eine vollkommen richtige Konstruktion. Nur werden Sie es merken, ich unterrichte jetzt seit 28 Jahren, das es eben immer mehr Menschen gibt, die zwar gestalterisch tätig sind und gestalterisch kraftvoll tätig sein können, bei denen ich aber diese Grundvoraussetzung nicht mehr sehe. Ich muss mir als Lehrer dann einfallen lassen, mit welchen technischen Materialien ich denen einen Einstieg schaffe und wie sich ihre Mentalität verändert, wenn sie bestimmte Werkzeuge zur Verfügung haben.

Bernd Hennig,
Rolf Sachsse,
Wolfgang Vollmer

Andreas Maxbauer
Das ist das, was wir dann als Kulturschock bezeichnen.

Rolf Sachsse
Genau, das ist dann der Punkt, aber die Frage ist dann auch die, dass das für mich heute schon Teil des Entwurfs ist. Und ich gehe noch einen Schritt weiter und behaupte, dass allein die Entscheidung für diese oder jene Technik heute schon einen Teil des Entwurfs darstellt. Bereits aus dieser anfänglichen Entscheidung resultiert ein Großteil der ästhetischen Resultate und Prozesse, die dann für ein gestalterisches Endprodukt verantwortlich sind.

An der Stelle finde ich es immer sehr heilsam, den Blickwinkel umzudrehen, so wie das Bernd Henning mit den Kinderzeichnungen gemacht hat, und zu sagen, ja gut, wo steuert eine Technik die Wahrnehmung? Wie kommt es, dass sich zwei Kinder am Tisch gegenüber sitzen und Zeichenarten eins zu eins übernehmen? Wichtig ist, welche Umgebungsvariablen nötig sind, damit solche Übertragungen stattfinden. So etwas kann sich kein Mensch im Laborexperiment ausdenken, das passiert.

Bernd Henning
Ich glaube, ich würde den Rechner als Entwurfsinstrument nicht außen vorlassen. Ich sehe bei meinen Kindern, dass sie viel selbstverständlicher herangehen, als ich es getan habe. Es ist einfach Lebenswirklichkeit. Sie verdienen jetzt zwar nicht ihr Brot damit, aber sie erledigen viele verschiedene Aufgaben. Sie verschicken E-Mails, machen auch ganz locker irgendwelche Briefbögen oder Plakate. Und wir können auch Dinge damit tun, die wir vorher nicht tun konnte, z.B. habe ich früher Fotos, bzw. Dias mit einer Sandwichtechnik übereinander gelegt, das hat lange gedauert. Am

Wolfgang Vollmer,
Andres Maxbauer,
Ute Helmbold

Rechner mache ich das in Null-Komma-Nichts. Ich weiß nicht, ob es gefährlich ist, Fakt ist, es wird jetzt gemacht. Das Problem, das ich dabei sehe, ist, dass die Fähigkeit mit einem Computer umzugehen und das Verlernen der Fähigkeit zum Malen, viele Menschen von der Möglichkeit abschneidet, die Umwelt zu reduzieren.

Durch das Zeichnen muss ich ständig entscheiden, mache ich jetzt da einen Strich oder dort, mit jeder Entscheidung enge ich meinen Spielraum ein, gleichzeitig reduziere ich die Vielfalt der Wahrnehmung auf das Wesentliche. Das kann eigentlich nur ein ganz banales Medium. Ich kriege sehr schnell ein Konzentrat der Situation. Das geht vielleicht den meisten Betrachtern so, dass wenn sie Zeichnungen anschauen, sie sehr schnell sehen, ob dieses Konzentrat da ist oder nicht. Genau das macht dann auch die Qualität einer Zeichnung aus. So etwas kriege ich am Rechner z.B. nicht hin, da kann ich mit der Maus noch so wackeln, das wird immer irgend etwas anderes.

Rolf Sachsse
Noch nicht. Ich denke, es ist eine Übergangszeit.

Regina Maxbauer
Das was eben schon angedeutet wurde, halte ich für entscheidend, das eben spielerischer herangegangen wird und die Gestalter sich selber überraschen. So wie eine Sängerin, die sich vorne auf die Bühne hinstellt, auch ein völlig unbeteiligtes Gesicht macht. Ich bin in einem Klanginstitut gewesen, um dort Fotos zu machen. Als die Künstlerin zu singen begonnen hat, sah sie unglaublich hässlich aus, stand aber ganz entspannt.

Als der erste Ton herauskam, war sie selber davon erschrocken und das Erstaunen pflanzte sich fort. Die Leute waren alle zutiefst ergriffen, weil dort etwas entstanden war, etwas wirklich Ursprüngliches. Wenn die Begeisterung über etwas, was man entdeckt, ins Leben kommt, dann passieren die wirklich tollen Sachen.

Martin Scholz
Grundfrage dieses Symposiums ist, inwiefern wir, mehr oder minder, verbindliche Regeln für die Bildgestaltung aufzeigen können. Meine pragmatische Frage ist, wie gehen die Designer mit den Gestaltungsregeln um, die andere Gruppen entwickeln? Informatiker und Multimediaprogrammierer produzieren bereits Bilder, die uns Gestaltern jetzt noch belanglos erscheinen mögen. Aber Realität ist, dass diese Berufsgruppen die Software für die Herstellung von Animationsfilmen, Computerspiele und Webseiten kreieren.

Gestaltung wird bereits programmiert. Was passiert z.B. während einer automatisch generierten Kamerafahrt, bei der die Kamera um ein Objekt herumnavigieren soll, mit dem Aspekt der Blickrichtung? Bleibt das größte Objekt immer im Fokus oder ist die Bewegungsachse als Richtung entscheidend? Wir wissen, dass Menschen mit ihren Augen ständig umherschauen und die Umgebung sehr individuell wahrnehmen, die programmierte Kamera tut genau das nicht. Die Ingenieure sagen ‚geradeaus' und meinen ihre technisch-mathematische Vorstellung von ‚geradeaus' in Form des Vektors. Aber was bedeutet ‚geradeaus' für die gestaltete Vermittlung von Inhalten?

Die Lösungen der Ingenieure werden sich an den technischen Problemen und Fakten orientieren, aber kaum an dem gestalterisch Notwendigen. Dieses Problem wird nicht disziplin-öffentlich diskutiert, aber die Grundlage unser Kommunikation wird in immer stärkerem Maße allein in den Software-Laboren definiert. Es werden Fakten geschaffen und jeder, der mit Word arbeitet, kennt gerade die unangenehmen Fakten. Also zurück zur Frage, ist uns das egal? Sitzen wir das aus oder versuchen wir, eine Antwort zu finden, was gestalterisch gesehen gute Regeln der Bildfindung sind?

Bernd Henning
Ich glaube, ich hätte kein Problem, wenn ein Techniker etwas macht, was richtig gut ist. Das wird sich dann zeigen. Es ist nicht zwangsläufig ein Qualitätsurteil, ob ein Techniker etwas macht oder ein Grafiker oder sonst irgendjemand. Ich könnte mir sogar denken, dass durch diese Grenzüberschreitung, wenn jemand ein Instrument, sei es jetzt ein Bleistift, ein Computer oder eine Kamera

oder sonst irgendetwas zweckentfremdet, dass dadurch vielleicht interessantere Sachen herauskommen, als wenn ich da immer dieses Ding buchstabengetreu verwende. Das wäre dann vielleicht die notwendige Überraschung, dieses spielerische Herangehen. Diesen Mut würde ich wirklich von allen fordern oder allen empfehlen, den Dreck und Schmutz zuzulassen und von mir aus auch den Zufall.

Zufall ist auch ein anderes Wort für ein Gesetz, dass ich noch nicht kenne. Man kann keine Arbeit auf einer klinisch reinen Platte machen, wenn ich ein weißes Blatt vor mir habe, dann muss immer irgendwo ein bisschen Mut sein, ein Kristallisationskern, wo ich irgendwo etwas anlagern kann und dann baut sich diese Arbeit daran auf. Ich glaube, es geht nicht darum, eine ‚cleane' Situation herzustellen, sondern so viel wie möglich Irritation zuzulassen oder wenn keine gibt, dann muss man die eben forcieren. So wäre mein Vorschlag.

Ralf Sachsse
Es gibt da noch eine grundsätzlichere Frage und zwar die Frage nach der Transferleistung. Also wenn man von einer Werkzeugebene in eine andere übergeht, und wenn eine ganze Gesellschaft insgesamt überwechselt, dann übergibt man einer sogenannten technischen Intelligenz, und das ist eine Frage, die wir Anfang der 70er Jahre in Frankfurt heftig diskutiert haben, auf die Herr Monkiewitsch ja heute auch zu Recht allergisch reagiert hat, dann die Kraft oder die Gewalt im Setzen von Regeln. Das gilt gerade für die Rolle einer technischen Intelligenz im Medienbereich. Die Kraft oder die Macht solcher Techniker ist enorm, solche Regelwerke in einer Metaebene vorab zu setzen, und dass man sich zu leicht darauf einlässt.

Ich muss auf der anderen Seite sagen, die letzten 15 Jahre haben, insbesondere die letzten 3 Jahre mit dem Zusammenbruch des Internet-Hypes, eine gute und ganz gesunde Ebene der Technikkritik wieder ins Rollen gebracht, die sich als allgemeine Mentalitätsgeschichte etabliert. Man kann sagen, dass auch ein Softwareprogramm Schmutz zulassen können muss, sonst funktioniert es nicht wirklich.

Als „Photoshop 1.3" heraus kam, habe ich mit dem Material sehr intensiv gearbeitet und mich sofort ans Adobe Entwicklerboard gewandt und gefragt: „Sagt mal Leute, welches Fotobuch verwendet Ihr eigentlich? Und nach welchen Regeln macht Ihr das?" Da kam dann heraus, dass die Leute, die bei Adobe das Programm

entwickelt haben, eine uralte Ausgabe der Übersetzung von Eders Handbuch der Fotografie, das zwischen 1889 und 1932 erschienen ist, benutzt haben. Sie haben alle technischen Regeln der Fotografie übernommen und versucht, die in der Software nachzubauen. Auf dem Stand von 1889.

Ulrike Stolz (aus dem Publikum)
Das ist aber typisch, weil immer die neuen Technologien den Anschluss an Altbekanntes suchen.

Ralf Sachsse
Sie können eine neue Technologie nur durch direkte Übernahme alter Konventionen einführen, sonst geht es nicht.

Ulrike Stolz
... ganz genau. Aber es ist kein Zufall. Das muss so sein.

Ralf Sachsse
Historisch haben Sie völlig Recht, bei Einführung neuer Technologien ist es so, dass es nur auf der Basis uralter Konventionen funktionieren kann. Das heißt, ästhetisch gesehen ist die Einführung einer neuen Technologie immer ein Rückschritt. Sie brauchen nur zu gucken, welches Medium macht Geschichte.

Als wir 1988 in Darmstadt beim Deutschen Werkbund saßen und das so genannte Laboratorium der Moderne, also die heutige Werkbund Akademie, gründeten, ging es darum, eine Institution zu gründen, in der Designer und Gestalter auf technische Regeln Einfluss nehmen könnten. Ich habe ein flammendes Plädoyer gehalten dafür, dass sich alle Designer in die Normenausschüsse setzen. Das macht natürlich kein Mensch freiwillig, weil dass

das Langweiligste überhaupt ist. Aber durch die Tour können die ‚Normausschüssler' das schlechteste Fernsehsystem einführen und nicht das Beste. Und sie können die miserabelsten Farbsysteme in die Druckindustrie einbringen und wir müssen uns im Grafikdesign mit einem absolut irren System wie PANTONE oder HSK herumschlagen. Wir haben einfach Systeme übernommen, die so irrational sind, dass, wenn man sich strikt an das Regelwerk halten würde, unbrauchbar sind. Die Softwareumgebung ist - wir haben uns dran gewöhnt - jetzt irgendwie bequem. Ich sehe ja meinen Stift dort oben in der Werkzeugleiste und gucke dann nach gar keinem anderen Stift mehr.

Andreas Maxbauer
Das ist bei uns genau umgekehrt. Also ich sehe es auch so, Designer sind nicht unbedingt die Speerspitze der Reflexion über neue Techniken oder die Auswirkung von Techniken. Dafür gibt es Designtheoretiker. Ich denke schon, dass Designer mehr darüber reflektieren sollten, wie Techniken sich auswirken.

Normalerweise nehmen Designer eine Technik erst zögernd, dann immer mehr an. Wer kannte vor 5 Jahren schon „Flash" und heute wird das ja gleich nach dem Schulbrot verabreicht. Designer schauen, was sie machen können, sobald ein Produkt sich ab Version 2.0, egal welche Software es ist, weiterentwickelt hat, und schaffen danach dann ihre Regeln. Das gibt wiederum ein ‚Pingpong' mit den Technikern, die entwickeln, weil sie sehen, ein Produkt wurde angenommen, wie wurde es angenommen, was wird gefordert und wie werden dann neue Regeln geschaffen? Aber die Designer sind im Ursprung eigentlich nicht dabei, laufen eigentlich immer hinterher, letztendlich weil es ein relativ bequemer Weg ist.

Ralf Sachsse
Das ist das Problem ...

Andreas Maxbauer
... der Andere wäre teurer.

Ralf Sachsse
... aber damit geben wir ja unseren quasi ethischen Anspruch auf Gestaltung der Umwelt an der Garderobe ab.

Wir sprachen den ganzen Tag über Erinnerungen Heute und ohne Medien gibt es keine Erinnerungen. Das ist das, was ich in meinem Vortrag mit dem Gespräch von Sokrates und Phaedrus

gesucht habe. Hätte Platon das Gespräch nicht aufgeschrieben, würden sie das noch kennen?
Teilnehmer aus dem Publikum
Wahrscheinlich nicht. Aber wenn ich arbeite, benutze ich das Medium vielleicht nur, um meine Idee umzusetzen, um dann zu sehen, was dabei herauskommt.

Ralf Sachsse
In einer Technik, wie der Fotografie, haben wir das Problem hinter uns. Sie können heute mit der Fotografie umgehen, wie Herr Maxbauer das mit dem Bleistift beschrieben hat. Man greift eben nicht zum Bleistift, sondern eben zum Marker, der dicker ist, der Farbe hat und hat das dann drin. Da braucht man nicht drüber reflektieren. Beim klassischen Fotografieren greife ich bei der Reportage zur Leica und wenn ich eben nur drei Bildchen brauche, nehme ich mir die Digitalkamera, weil das sowieso gleich in den Rechner wandert. D.h. wir haben da eine völlig lockere, inzwischen analogisierte Umgangsform mit den Dingen. Und was ich vorhin eingangs meinte, ich sehe das als Übergang.

Ich habe einen Sohn, der ist heute 16 und macht einen Schüleraustausch mit Usbekistan. Ich sehe, dass er im Koffer 30 Netzwerkkarten hat, frage ihn, was machst Du da eigentlich in Usbekistan?! Kurzum, ich wusste genau, er trifft einen Studenten und baut mit dem zwei illegale Spielecafes auf. Ganz selbstverständlich, die Netzwerktechnologie kann der so, dass ist für ihn wie mit dem Bleistift, ach nein, mit dem Bleistift zeichnen kann er nicht, aber der geht so selbstverständlich mit den Sachen um. Und das nicht reflektiert, sondern ganz kindlich. Eigentlich so kindlich wie die Zeichnungen. Gar nicht reflektiert, auch gar nicht übergrenzt reflektiert, was er jetzt da tut, in welche Gefahren er sich begibt, in einem Land, in dem ein Diktator herrscht. Also alle diese Ebenen werden dann ausgeblendet, die finden gar nicht statt. Und das hatte ich vorhin mit der Gefahr gemeint.

Und ich bin auch immer noch der Meinung, dass eben viel zu viele Designer in der Freude, an die Arbeit zu gehen, die Umgebungsbedingungen zu stark vernachlässigen. Man sollte sich nicht von der Arbeit ablenken lassen, man sollte nur darüber nachdenken. Ich sage immer, ein bisschen nachdenken vor der Arbeit tut besser, als hinter der Arbeit. Es ist ein ganz zaghaftes Plädoyer.

Ich muss aber die Usbekistan-Geschichte noch um meine Person erweitern. Wir, meine Frau als promovierte Kunsthistorikerin und ich, haben vor drei Jahren versucht, ein Designdepartement an der dortigen Akademie der bildenden Künste aufzubauen. Wir sind grandios gescheitert. Hoch interessant war die Frage, was sollen die Designstudenten im ersten Semester kopieren. Denn in der Schule geht man die ersten drei Studienjahre nur ins Museum und kopiert die alten Meister. Und im vierten Studienjahr entscheidet man sich, ob man Monumentalmaler, Bildhauer, Kunsthistoriker oder was anderes wird.

Also die ersten drei Jahre wird nur kopiert. Drei Jahre finde ich zu viel, ist auch methodisch sicherlich nicht gut begründet, aber ein halbes Jahr würde ich das gerne machen und das was Wolfgang Vollmer heute morgen beschrieben hat, ist eigentlich nichts anderes als die Anlehnung an die alten Meister. Ich gebe zu, dass ich das selber auch mache. Weil es eben so einfach und so wunderbar ist. Es ist das Beste, was man machen kann.

Regina Maxbauer
An dieser Stelle stellt sich eigentlich die Frage, wo passiert oder wie geschieht Manipulation? Inwieweit ist es so, dass wir manipulieren, ohne das zu wollen, weil wir ja eigentlich nur unseren Job machen möchten, unsere innere Mission haben, vielleicht kennen wir sie ja gar nicht. Das ist ein schmaler Grad. An der Stelle das Bewusstsein dazu zu entwickeln, wo stehe ich, was habe ich zu vermitteln, wie will ich das vermitteln und was passiert mit den Leuten, denen ich was vermittele.

Andreas Maxbauer
Welche Kompetenzen sollen denn z.B. Studierende vermittelt bekommen? Ist es sinnvoll, dass ich den Studierenden beibringe, wie „Photoshop 6" funktioniert oder ist es sinnvoll, dass sie wissen, wie ein Bild aufgebaut ist? Diejenigen, die wissen, wie „Photoshop 6" aufgebaut ist, werden spätestens ab „Photoshop 7" arbeitslos sein.

Diejenigen, die wissen, wie ein Bild aufgebaut ist, können, wenn wir eines Tages mit Protoplasmen oder was auch immer es geben mag, gestalten. Bei dieser Freiheit, die durch digitale Werkzeuge entsteht, kriege ich immer so ein Gruseln. Das Gruseln, was Sie sehen, wenn Sie z.B. in ein Arbeitsamt kommen und da sind lauter 40-jährige arbeitslose Programmierer und Webdesigner. Die sind „raus-ge-updated" worden. D.h., wir müssen uns bei unserer Qualifikation fragen, was ist es eigentlich, was wir vermitteln und was ist es eigentlich, was Designer können sollen? Ich kann kein Bild bearbeiten, ich weiß, wie Photoshop auf und zugeht, weil das so bei den anderen Programmen auch geht, ich kann ganz viele Dinge nicht mehr bedienen. Es kann keiner im Büro auch nur ein Programm wirklich vollständig beherrschen. Jeder hat zwar seine Schwerpunkte, aber wenn wir Bilder bearbeiten müssen, geben wir die aus dem Haus. Und müssen genau sagen, wie wir brauchen. Für Satz gibt es spezielle Listen. Das sind alles Probleme, die haben wir uns über ein einziges Werkzeug in die Bude geholt. Hat einen Apfel drauf und eine Tastatur davor.

Wir haben immer die Diskussion mit unserem Sohn, der auch Mediengestalter lernt und jetzt ein Studium anfängt. Der begeistert sich für die Programme und uns interessiert es einfach gar nicht. Was interessiert es mich, ob das Programm einen Filter mehr hat oder weniger, wenn ich ihn zum Designer haben will. Natürlich interessiert es mich, weil es der eigene Sohn ist, aber der Photoshopfilter, also die Technik als solche, ist für uns irrelevant. Das ist es nämlich, wenn jemand sagt, er möchte sich in die Freiheiten hineinstürzen.

Die Frage ist, welche Freiheiten denn, was ist Dein Ziel? Genauso wie ich vorhin sagte, wenn wir über Gestaltung reflektieren und entwerfen, sollten wir immer zuerst nach dem Ziel fragen und was will ich erreichen mit dem Entwurf. Und da sehe ich halt ein bisschen Gruseln, bei jeder neuen Technik, die auf uns zukommt, da sie uns eigentlich unmündiger macht, bei dem was wir können.

Teilnehmer aus dem Publikum
Ist das nicht ein relativ nostalgisches Denken, mit der Befürchtung, dass neue Technologien, eben weil sie in ihrer Gestaltung und Verbreitung, eine Verschlechterung herrühren? Ich könnte mir vorstellen, dass wir einfach auch die einen oder anderen Dinge durchaus über Bord werfen würden, weil sie nämlich auch medienspezifisch waren. Das bringt andere Gestaltungsgrundlagen mit sich.

Andreas Maxbauer
Genau das sehe ich auch, wir müssen stärker herausstellen, was die Kernkompetenzen sind. Das Problem in der Vermittlung von Gestaltungsunterricht ist, dass keine Kompetenzen bei weitem so ‚geil' sind wie „Flash".

Es geht um meine Kernkompetenzen in der Gestaltung. Es stimmt schon, man kann nicht mehr alles im Kopf behalten, Webdesign liegt mir nicht, ich gucke sie mir aber gerne an, aber ich muss das abgeben. Aber die Gestaltungsgrundregeln muss ich im Kopf haben. Unabhängig davon, was eines Tages passieren wird.

Wolfgang Vollmer
Ja, das klingt so negativ, das war doch bisher genauso. Früher waren an einer Produktion von einem Buch sechs verschiedene Handwerker beteiligt und die sind auch heute noch daran beteiligt, d.h. sie sind nur etwas anders verteilt. Nur heute schleicht sich immer der Gedanke eines Heimwerkers ein, dass man mit Top-Technik alles können muss, dann aber letztendlich doch einen Fachmann ruft. Und ich finde, das kann auch so bleiben.

Ralf Sachsse
„Bitte liefern sie ihr Buch als PDF - Seite sachgemäß ab." So etwas kriege ich als Autor wissenschaftlicher Werke angedreht.

Andreas Maxbauer
... die Frage ist, ob man das jetzt "geil" findet oder nicht.

Klaus Paul (aus dem Publikum)
Ich glaube, eine Diskussion, ob der Rechner unsere Gestaltungsmöglichkeiten einengt oder nicht, brauchen wir gar nicht führen. Das Medium ist da und es wird auch benutzt. Ich kann als Lehrender weder ‚Flash' noch irgendwelche tollen Sachen, die ‚rumzappeln'. Aber ich kann gleichwohl das Ding angucken und sagen, das funktioniert aus dem und dem Grund vielleicht nicht so gut. Und dann kommen wir ja über dieses neue Medium trotzdem wieder auf ganz elementare Grundlagen, die man dann wieder scribbeln und irgendwie anders machen kann.

Ralf Sachsse
Ja, aber das Manipulative, was Regina Maxbauer betont hat, finde ich ja nun gerade in allen Bereichen und hier sitzen nun mal zwei Schriftgestalter am Tisch. Was mich unglaublich fasziniert, ist die Typografie. Ich finde es immer irre, wie sich wirklich hartgesottene Typografen stundenlang über einen Serifenanstrich und -abstrich auseinandersetzen können ...

- Gelächter -

Sie haben jetzt erst den ersten Satz gehört, der zweite Teil ist mir viel wichtiger. Ich weiß aus meiner eigenen gefräßigen Leserei, wie manipulativ Typografie ist, ob ich schnell lese, ob ich langsam lese, ob ich ein Buch mit Genuss lese oder ob ich es hasse. Ich überlege mir heute als Wissenschaftler, welchem Verleger drücke ich ein

Manuskript mit welcher Schrift und Spazionierung in die Hand. Ich habe inzwischen Manuskripte zurückbekommen mit Ablehnung bzw. mit positiver Resonanz, nur weil die Typo anders war, vom selben Lektor. Ich habe inhaltlich nichts geändert und er ist drauf reingefallen. Da sind wir bei Ihrer Manipulation. Das ist genau der Punkt. Das ist wirklich ein unglaublich spannendes Thema, das ist für mich Design als Software.

Ein anderes Beispiel, aus dem politischen Berlin zwischen 1991 und 1993. Edouard Bannwart hat mit Art+Com das Kanzleramt in das große Berlin-Modell eingefügt. Die Entscheidung für das Projekt fand auf diesem 3D-Stand mit der Rundumprojektion statt, in der Kohl durch das CAD-Modell geflogen ist. Bannwart hat uns 1994 auf einem Symposium in Bielefeld vorgeführt, wie Kohl steht und sieht, wie er selber in den Reichstag hineingeht. Foster hat gewonnen, weil seine Leute als einzige ein Foto von Kohls Schreibtisch hineingerendert haben. Da haben sie die manipulative Kraft von Gestaltung. Da wurden Millionen und Milliarden auf der Grundlage von Gestaltung verpulvert.

Regina Maxbauer
Darf ich eben nur mal ganz kurz einen Hüpfer zurück machen, was Sie eben als Manipulation bezeichnet haben. Das ist keine Manipulation ...

Ralf Sachsse
... das ist erfolgreiches Design.

Regina Maxbauer
Nein! Nein, anständige Arbeit, damit die Leute das gut verdauen können, was sie da fressen wollen. Das ist nichts anderes, das ist keine Manipulation. Ich meinte mit Manipulation das, was dahinter steckt und wo das hinführen soll. Natürlich, das kenne ich auch, unter der Lampe im Stehen mal schnell eine Stunde lang ein Buch zu Ende lesen. Das schluckt man schneller, wenn es gut gesetzt ist, keine Frage. Aber das finde ich doch dann eine gute Arbeit.

Bernd Henning
Ich glaube auch nicht, dass dieser manipulative Moment jetzt auch nur bei dieser neuen Technik auftaucht, sondern es ist wahrscheinlich immer mit Bildern geschehen, es gab schon immer böhmische Dörfer, bei den entsprechenden Reiseberichten wurde halt das entsprechende Atomkraftwerk abgeschnitten, wo bloß der Strand übrig bleibt oder

die Wiederaufbereitungsanlage. Die Art der Bildbearbeitung gab es doch schon vor Photoshop. Es ist eher wieder dieses Thema des Erinnerns, was speichern wir mit welchen Medien, was erlauben wir uns dann zu vergessen. Also ein Fax, was dann verblasst, das ist doch wunderbar. Wie von selbst!

Martin Scholz
Zum Abschluss noch einmal den Wunsch, eine Regel von Ihnen zu erfragen, die das Publikum mitnehmen darf. Es klang bereits das Thema des Vergessens als Kulturtechnik an. Bei Wolfgang Vollmer haben wir vorhin gehört ein, zwei Bilder pro Silberbildfilm werden verwendet, der Rest bleibt Spielmasse. Während wir bei Aufnahmen mit der Digitalkamera weniger auf das Motiv, sondern in erster Linie auf den Monitor schauen und scheinbar kritisch, die unerwünschten Bilder löschen, um das Speichermedium zu schonen …

Wolfgang Vollmer
… das wiederum ist besser, als richtiges Fotografieren.

Martin Scholz
… wenn wir das weiterführen, müssten wir uns zumindest fragen, ob es zumindest Regeln für das Entfernen von Bildern gibt. Auf einer oberen Ebene könnten wir thesenhaft behaupten, dass das Museum, neben anderen, eine Form der Entsorgung ist. Stempel der Hochkultur drauf und frei für das Vergessen aus dem eigenen Gedächnis. Alles, was ins Internet kommt, ist öffentlich, ist per Suchfunktion auffindbar und für die individuelle Memorierung überflüssig. Wir bekommen den Kopf wieder frei.

Gibt es bei Ihnen einen Punkt oder Regel während des Gestaltungsprozesses, an dem Sie sagen, das ist ein schlechtes Bild, das werfe ich weg, hier will ich nicht weitermachen? Was sind Ihre Regeln fürs Löschen?

Regina Maxbauer
Also ich kann ganz wunderbar vergessen.

Andreas Maxbauer
Neustart.

Bernd Henning
Also der Break ist natürlich wichtig und ich glaube, eine Regel könnte vielleicht sein, dass ich meine Beschäftigung mit dem Bild nicht am

Bildrand aufhören lasse, sondern dass ich den Kontext miteinbeziehe. Das ist glaube ich ein ganz wesentlicher Punkt, dass ich meine Arbeit mit dem Kontext angucke, wir reden da von anderen Arbeiten, von gleichen Arbeiten, vom Stadtkontext, wo es vielleicht auftaucht oder sonst irgendwo. Manchmal ist es ja nur notwendig, den Kontext zu verändern, ich muss gar nichts an dem Bild verändern, ich muss nur den Kontext verändern. Also da habe ich dann vielleicht schon wieder Möglichkeiten, das ist jetzt vielleicht so etwas wie ein Break, um an Ideen zukommen oder um alte Ideen zu vergessen. Ich glaube nicht an die These, dass es diesen reinen Tisch, diese Tabula Rasa gibt.

Es braucht irgendwie Dreck, Schmutz, Kristallisationskerne. Etwas, wo sich Ideen anlagern können. Wo dieser Schmutz her kommt ist mir letztendlich egal, aber ich denke, dieses Löschen kann im Prinzip auch dadurch hergestellt werden, dass entweder ich mich verändere oder ich mein Objekt rausnehme und in den anderen Kontext tue. Also einfacher kann ich es nicht erklären, aber ich glaube, darin steckt schon genug Potential, wie dann aus einem gelöschten Motiv wieder was Neues entstehen kann, weil gerade der Leerraum, das Loch, kann viel spannender sein, als das, was drin war.

Rolf Sachsse
Als jemand, der in seinem eigenem Forschungsleben sehr viel mit Nationalsozialismus und Holocaust zu tun hat, habe ich sehr deutlich gelernt, wie schmerzlich Erinnern sein kann. Das ist ein richtig körperlich schmerzhafter Prozess und ich habe Vergessen als ein sehr positives Moment erlebt, das allerdings nur wirklich gut funktioniert, wenn es unterhalb der Bewusstseinsschwelle ist, d.h. wenn Sie so schön sagen, ich kann gut vergessen, dann ist das eine ganz glückliche Aussage. Ich muss mich noch nicht mal erinnern, was es ist, dass ich vergesse.

Also der Akt des eigenen Löschens selbst, das Drücken der Taste, ist für mich ein Akt, das Gelöschte erst richtig in Erinnerung zu behalten. Insofern habe ich damit Schwierigkeiten, vorsätzlich zu Löschen, es ist eine absolut körperliche Tätigkeit. Und in dieser Körperbezogenheit ist es wahrscheinlich gar nicht möglich, eine Regel zu finden und ich mag da auch gar keine Regel suchen. Ich habe nicht einmal Lust auf eine Regel.

Wolfgang Vollmer
Ja, ich muss das etwas profaner angehen. Als ich in die Wohnung, in der ich jetzt wohne einzog, hatte die 85m² und ich war der Einzige, der darin wohnte und ich hatte einen Tisch, einen Stuhl und eine

Matratze und sonst nichts. Und das war großartig. Dann habe ich eine Frau gefunden, die mit mir zusammen dort einziehen wollte. Da waren es nur noch 40m² für mich. Dann haben wir zwei Kinder bekommen, dann waren es also nur noch 20m² und so wird mein Bereich immer kleiner, also ich muss immer mehr wegschmeißen von dem, was ich habe ...

Martin Scholz
... werfen Sie auch die Filmnegative weg? Kontakt- und Probeabzüge wegzugeben ist relativ unproblematisch, aber Fotografen tun sich schwer damit, die Negative, den Urbeweis ihres Schaffens, zu löschen.

- Gelächter -

Wolfgang Vollmer
Also das hat auch was damit zu tun, dass ich eigentlich zwischen Ordnungsprinzipien und völligem Chaos lebe. Es gibt Kisten, da steht dann drauf ‚Gefundene Negative', die sind dann in Schuhkartons und die bleiben auch so und es gibt wiederum Ordner, da steht drauf ‚1983' ...

Rolf Sachsse
... und das reicht?

Wolfgang Vollmer
Na ja, die ganzen Probeabzüge, die ich aufgehoben habe, die fliegen jetzt alle langsam doch weg. Es ist ein gewaltiger Akt, von außen, von innen, von jeder Seite etwas loszuwerden oder etwas zu vergessen, aber er wird ja wieder mit etwas Neuem gefüllt, deswegen ist das nicht eine Leere, die da entsteht, sondern vielleicht eine Verschiebung. Es kommt was Neues dazu. Es ist ja auch eine Altersfrage, ich fülle die Leere auch wieder mit neuen Systemen.

Regina Maxbauer
Für mich kann das Vergessen stattfinden, in dem Maße, in dem ich losgelassen habe. Da findet etwas statt. Ich weiß nicht, ob es hier üblich ist, über so etwas zu sprechen, aber das hat etwas mit Gnade zu tun. Das hat etwas mit Vergebung zu tun und das hat etwas mit Frieden zu tun. Und wenn das stattgefunden hat, dann wird es gelöscht, dann geht es mir gut.

Andreas Maxbauer
Für mich ist nicht die Frage, was möchte ich löschen, sondern, was möchte ich aufheben. Das ist etwas ganz, ganz anderes. Und ich lösche etwas, was ich nicht aufheben will. Wolfgang Vollmer hat das so schön als "Ordnung und Chaos" beschrieben.

Ordnung sind dann immer jene Sachen, wo klar ist, das will man loswerden, und Chaos will ich dann immer aufheben. Und ich bemühe mich, immer eine qualitative Auswahl zu treffen. Und zwar im Sinne einer Negativauslese. Ich hebe das auf, was eben das Bessere ist. Und die Kriterien dafür, die können eben sehr, sehr unterschiedlich sein. Je nachdem, welchen ‚Hut' ich gerade aufhabe. Aber bei einem ‚Hut' als Designer ist bei mir ganz klar, ich hebe das nicht auf, was dem Kunden nichts nutzt und womit der Betrachter nichts anfangen kann. Es sei denn, durch ein sonstiges Kriterium könnte es mir irgendwie nutzen. "Sonstige" ist bei mir die größte Kiste. Oder Dinge, die eben Erinnerungen sind. Also die qualitativen Kriterien ändern sich nur für das Aufheben, für das Löschen habe ich eigentlich keine.

Ute Helmbold
Herzlichen Dank an die Vortragenden für die Einzelvorträge. Auch einen Dank dafür, daß Sie in dieser gemeinsamen Diskussion Ihren Standpunkt zur Regelhaftigkeit von Bildgestaltung für uns vertieft haben.

Bilder: Katharina Gattermann
Texterfasssung: Jan Frederic Goltz
Textredaktion: Martin Scholz

Deutscher Universitäts-Verlag
Ihr Weg in die Wissenschaft

Der Deutsche Universitäts-Verlag ist ein Unternehmen der Fachverlagsgruppe BertelsmannSpringer, zu der auch der Westdeutsche Verlag gehört. Wir publizieren ein umfangreiches sozial- und geisteswissenschaftliches Monografien-Programm aus folgenden Fachgebieten:

- ✓ Soziologie
- ✓ Politikwissenschaft
- ✓ Kommunikationswissenschaft
- ✓ Literatur- und Sprachwissenschaft
- ✓ Psychologie
- ✓ Kognitions- und Bildwissenschaft

Für unseren Programmschwerpunkt **Länder- und Regionalstudien** suchen wir ausgezeichnete Arbeiten, die sich mit politischen, sozialen und wirtschaftlichen Entwicklungen einzelner Länder bzw. einzelner Regionen befassen.

Für unseren Programmschwerpunkt **anwendungsorientierte Kulturwissenschaft** suchen wir hochwertige Arbeiten, die vor allem die Wechselwirkungen zwischen Kultur und Wirtschaft sowie ihre Auswirkungen auf gesamtgesellschaftliche Prozesse erforschen.

In enger Kooperation mit dem Westdeutschen Verlag wird unser Programm kontinuierlich ausgebaut und um aktuelle Forschungsarbeiten erweitert. Dabei wollen wir vor allem jüngeren Wissenschaftlern ein Forum bieten, ihre Forschungsergebnisse der interessierten Fachöffentlichkeit vorzustellen. Unser Verlagsprogramm steht solchen Arbeiten offen, deren Qualität durch eine sehr gute Note ausgewiesen ist. Jedes Manuskript wird vom Verlag zusätzlich auf seine Vermarktungschancen hin geprüft.

Durch die umfassenden Vertriebs- und Marketingaktivitäten einer großen Verlagsgruppe erreichen wir die breite Information aller Fachinstitute, -bibliotheken und -zeitschriften. Den Autoren bieten wir dabei attraktive Konditionen, die jeweils individuell vertraglich vereinbart werden.

Besuchen Sie unsere Homepage: *www.duv.de*

Deutscher Universitäts-Verlag
Abraham-Lincoln-Str. 46
D-65189 Wiesbaden

| MIX |
| Papier aus verantwortungsvollen Quellen |
| Paper from responsible sources |
| FSC® C105338 |

If you have any concerns about our products,
you can contact us on
ProductSafety@springernature.com

In case Publisher is established outside the EU,
the EU authorized representative is:
**Springer Nature Customer Service Center GmbH
Europaplatz 3, 69115 Heidelberg, Germany**

Printed by Libri Plureos GmbH
in Hamburg, Germany